OEZBEEKS
WOORDENSCHAT

THEMATISCHE WOORDENLIJST

NEDERLANDS OEZBEEKS

De meest bruikbare woorden
Om uw woordenschat uit te breiden en
uw taalvaardigheid aan te scherpen

5000 woorden

Thematische woordenschat Nederlands-Oezbeeks - 5000 woorden
Door Andrey Taranov

Woordenlijsten van T&P Books zijn bedoeld om u woorden van een vreemde taal te helpen leren, onthouden, en bestuderen. Dit woordenboek is ingedeeld in thema's en behandelt alle belangrijk terreinen van het dagelijkse leven, bedrijven, wetenschap, cultuur, etc.

Het proces van het leren van woorden met behulp van de op thema's gebaseerde aanpak van T&P Books biedt u de volgende voordelen:

- Correct gegroepeerde informatie is bepalend voor succes bij opeenvolgende stadia van het leren van woorden
- De beschikbaarheid van woorden die van dezelfde stam zijn maakt het mogelijk om woordgroepen te onthouden (in plaats van losse woorden)
- Kleine groepen van woorden faciliteren het proces van het aanmaken van associatieve verbindingen, die nodig zijn bij het consolideren van de woordenschat
- Het niveau van talenkennis kan worden ingeschat door het aantal geleerde woorden

Copyright © 2016 T&P Books Publishing

Alle rechten voorbehouden. Niets uit deze uitgave mag worden verveelvoudigd, opgeslagen in een geautomatiseerd gegevensbestand en/of openbaar gemaakt in enige vorm of op enige wijze, hetzij elektronisch, mechanisch, door fotokopieën, opnamen of op enige andere manier zonder voorafgaande schriftelijke toestemming van de uitgever. U mag dit boek niet verspreiden in welk formaat dan ook.

T&P Books Publishing
www.tpbooks.com

ISBN: 978-1-78492-359-4

Dit boek is ook beschikbaar in e-boek formaat.
Gelieve www.tpbooks.com te bezoeken of de belangrijkste online boekwinkels.

OEZBEEKSE WOORDENSCHAT
nieuwe woorden leren

T&P Books woordenlijsten zijn bedoeld om u te helpen vreemde woorden te leren, te onthouden, en te bestuderen. De woordenschat bevat meer dan 5000 veel gebruikte woorden die thematisch geordend zijn.

- De woordenlijst bevat de meest gebruikte woorden
- Aanbevolen als aanvulling bij welke taalcursus dan ook
- Voldoet aan de behoeften van de beginnende en gevorderde student in vreemde talen
- Geschikt voor dagelijks gebruik, bestudering en zelftestactiviteiten
- Maakt het mogelijk om uw woordenschat te evalueren

Bijzondere kenmerken van de woordenschat

- De woorden zijn gerangschikt naar hun betekenis, niet volgens alfabet
- De woorden worden weergegeven in drie kolommen om bestudering en zelftesten te vergemakkelijken
- Woorden in groepen worden verdeeld in kleine blokken om het leerproces te vergemakkelijken
- De woordenschat biedt een handige en eenvoudige beschrijving van elk buitenlands woord

De woordenschat bevat 155 onderwerpen zoals:

Basisconcepten, getallen, kleuren, maanden, seizoenen, meeteenheden, kleding en accessoires, eten & voeding, restaurant, familieleden, verwanten, karakter, gevoelens, emoties, ziekten, stad, dorp, bezienswaardigheden, winkelen, geld, huis, thuis, kantoor, werken op kantoor, import & export, marketing, werk zoeken, sport, onderwijs, computer, internet, gereedschap, natuur, landen, nationaliteiten en meer ...

INHOUDSOPGAVE

Uitspraakgids	9
Afkortingen	10

BASISBEGRIPPEN	11
Basisbegrippen Deel 1	11
1. Voornaamwoorden	11
2. Begroetingen. Begroetingen. Afscheid	11
3. Hoe aan te spreken	12
4. Kardinale getallen. Deel 1	12
5. Kardinale getallen. Deel 2	13
6. Ordinale getallen	14
7. Getallen. Breuken	14
8. Getallen. Eenvoudige berekeningen	14
9. Getallen. Diversen	14
10. De belangrijkste werkwoorden. Deel 1	15
11. De belangrijkste werkwoorden. Deel 2	16
12. De belangrijkste werkwoorden. Deel 3	17
13. De belangrijkste werkwoorden. Deel 4	18
14. Kleuren	19
15. Vragen	19
16. Voorzetsels	20
17. Functiewoorden. Bijwoorden. Deel 1	20
18. Functiewoorden. Bijwoorden. Deel 2	22

Basisbegrippen Deel 2	24
19. Dagen van de week	24
20. Uren. Dag en nacht	24
21. Maanden. Seizoenen	25
22. Meeteenheden	27
23. Containers	28

MENS	29
Mens. Het lichaam	29
24. Hoofd	29
25. Menselijk lichaam	30

Kleding en accessoires	31
26. Bovenkleding. Jassen	31
27. Heren & dames kleding	31

28. Kleding. Ondergoed	32
29. Hoofddeksels	32
30. Schoeisel	32
31. Persoonlijke accessoires	33
32. Kleding. Diversen	33
33. Persoonlijke verzorging. Schoonheidsmiddelen	34
34. Horloges. Klokken	35

Voedsel. Voeding	**36**
35. Voedsel	36
36. Drankjes	37
37. Groenten	38
38. Vruchten. Noten	39
39. Brood. Snoep	40
40. Bereide gerechten	40
41. Kruiden	41
42. Maaltijden	42
43. Tafelschikking	43
44. Restaurant	43

Familie, verwanten en vrienden	**44**
45. Persoonlijke informatie. Formulieren	44
46. Familieleden. Verwanten	44

Geneeskunde	**46**
47. Ziekten	46
48. Symptomen. Behandelingen. Deel 1	47
49. Symptomen. Behandelingen. Deel 2	48
50. Symptomen. Behandelingen. Deel 3	49
51. Artsen	50
52. Geneeskunde. Medicijnen. Accessoires	50

HET MENSELIJKE LEEFGEBIED	**51**
Stad	**51**
53. Stad. Het leven in de stad	51
54. Stedelijke instellingen	52
55. Borden	53
56. Stedelijk vervoer	54
57. Bezienswaardigheden	55
58. Winkelen	56
59. Geld	57
60. Post. Postkantoor	58

Woning. Huis. Thuis	**59**
61. Huis. Elektriciteit	59

62. Villa. Herenhuis	59
63. Appartement	59
64. Meubels. Interieur	60
65. Beddengoed	61
66. Keuken	61
67. Badkamer	62
68. Huishoudelijke apparaten	63

MENSELIJKE ACTIVITEITEN 64
Baan. Business. Deel 1 64

69. Kantoor. Op kantoor werken	64
70. Bedrijfsprocessen. Deel 1	65
71. Bedrijfsprocessen. Deel 2	66
72. Productie. Werken	67
73. Contract. Overeenstemming	68
74. Import & Export	69
75. Financiën	69
76. Marketing	70
77. Reclame	70
78. Bankieren	71
79. Telefoon. Telefoongesprek	72
80. Mobiele telefoon	72
81. Schrijfbehoeften	73
82. Soorten bedrijven	73

Baan. Business. Deel 2 76

83. Show. Tentoonstelling	76
84. Wetenschap. Onderzoek. Wetenschappers	77

Beroepen en ambachten 79

85. Zoeken naar werk. Ontslag	79
86. Zakenmensen	79
87. Dienstverlenende beroepen	80
88. Militaire beroepen en rangen	81
89. Ambtenaren. Priesters	82
90. Agrarische beroepen	82
91. Kunst beroepen	83
92. Verschillende beroepen	83
93. Beroepen. Sociale status	85

Onderwijs 86

94. School	86
95. Hogeschool. Universiteit	87
96. Wetenschappen. Disciplines	88
97. Schrift. Spelling	88
98. Vreemde talen	89

Rusten. Entertainment. Reizen	91
99. Trip. Reizen	91
100. Hotel	91

TECHNISCHE APPARATUUR. VERVOER	93
Technische apparatuur	93
101. Computer	93
102. Internet. E-mail	94
103. Elektriciteit	95
104. Gereedschappen	95

Vervoer	98
105. Vliegtuig	98
106. Trein	99
107. Schip	100
108. Vliegveld	101

Gebeurtenissen in het leven	103
109. Vakanties. Evenement	103
110. Begrafenissen. Begrafenis	104
111. Oorlog. Soldaten	104
112. Oorlog. Militaire acties. Deel 1	105
113. Oorlog. Militaire acties. Deel 2	107
114. Wapens	108
115. Oude mensen	110
116. Middeleeuwen	110
117. Leider. Baas. Autoriteiten	112
118. De wet overtreden. Criminelen. Deel 1	113
119. De wet overtreden. Criminelen. Deel 2	114
120. Politie. Wet. Deel 1	115
121. Politie. Wet. Deel 2	116

NATUUR	118
De Aarde. Deel 1	118
122. De kosmische ruimte	118
123. De Aarde	119
124. Windrichtingen	120
125. Zee. Oceaan	120
126. Namen van zeeën en oceanen	121
127. Bergen	122
128. Bergen namen	123
129. Rivieren	123
130. Namen van rivieren	124
131. Bos	124
132. Natuurlijke hulpbronnen	125

De Aarde. Deel 2 127

133. Weer 127
134. Zwaar weer. Natuurrampen 128

Fauna 129

135. Zoogdieren. Roofdieren 129
136. Wilde dieren 129
137. Huisdieren 130
138. Vogels 131
139. Vis. Zeedieren 133
140. Amfibieën. Reptielen 133
141. Insecten 134

Flora 135

142. Bomen 135
143. Heesters 135
144. Vruchten. Bessen 136
145. Bloemen. Planten 137
146. Granen, graankorrels 138

LANDEN. NATIONALITEITEN 139

147. West-Europa 139
148. Centraal- en Oost-Europa 139
149. Voormalige USSR landen 140
150. Azië 140
151. Noord-Amerika 141
152. Midden- en Zuid-Amerika 141
153. Afrika 142
154. Australië. Oceanië 142
155. Steden 142

UITSPRAAKGIDS

Letter	Oezbeeks voorbeeld	T&P fonetisch alfabet	Nederlands voorbeeld
A a	satr	[a]	acht
B b	kutubxona	[b]	hebben
D d	marvarid	[d]	Dank u, honderd
E e	erkin	[e]	delen, spreken
F f	mukofot	[f]	feestdag, informeren
G g	girdob	[g]	goal, tango
G' g'	g'ildirak	[ɣ]	liegen, gaan
H h	hasharot	[h]	het, herhalen
I i	kirish	[i], [i:]	bidden, lila
J j	natija	[dʒ]	jeans, jungle
K k	namlik	[k]	kennen, kleur
L l	talaffuz	[l]	delen, luchter
M m	tarjima	[m]	morgen, etmaal
N n	nusxa	[n]	nemen, zonder
O o	bosim	[ɒ], [o]	aankomst, rood
O' o'	o'simlik	[ø]	neus, beu
P p	polapon	[p]	parallel, koper
Q q	qor	[q]	kennen, kleur
R r	rozilik	[r]	roepen, breken
S s	siz	[s]	spreken, kosten
T t	tashkilot	[t]	tomaat, taart
U u	uchuvchi	[u]	hoed, doe
V v	vergul	[w]	twee, willen
X x	xonadon	[h]	hitte, hypnose
Y y	yigit	[j]	New York, januari
Z z	zirak	[z]	zeven, zesde
ch	chang	[tʃ]	Tsjechië, cello
sh	shikoyat	[ʃ]	shampoo, machine
' [1]	san'at	[:], [--]	zonder klank

Opmerkingen

[1] [:] - Verlengt de voorgaande klinker; na medeklinkers wordt gebruikt als een "harde teken"

AFKORTINGEN
gebruikt in de woordenschat

Nederlandse afkortingen

abn	-	als bijvoeglijk naamwoord
bijv.	-	bijvoorbeeld
bn	-	bijvoeglijk naamwoord
bw	-	bijwoord
enk.	-	enkelvoud
enz.	-	enzovoort
form.	-	formele taal
inform.	-	informele taal
mann.	-	mannelijk
mil.	-	militair
mv.	-	meervoud
on.ww.	-	onovergankelijk werkwoord
ontelb.	-	ontelbaar
ov.	-	over
ov.ww.	-	overgankelijk werkwoord
telb.	-	telbaar
vn	-	voornaamwoord
vrouw.	-	vrouwelijk
vw	-	voegwoord
vz	-	voorzetsel
wisk.	-	wiskunde
ww	-	werkwoord

Nederlandse artikelen

de	-	gemeenschappelijk geslacht
de/het	-	gemeenschappelijk geslacht, onzijdig
het	-	onzijdig

BASISBEGRIPPEN

Basisbegrippen Deel 1

1. Voornaamwoorden

ik	мен	men
jij, je	сен	sen
hij, zij, het	у	u
wij, we	биз	biz
jullie	сиз	siz
zij, ze	улар	ular

2. Begroetingen. Begroetingen. Afscheid

Hallo! Dag!	Салом!	Salom!
Hallo!	Ассалому алайкум!	Assalomu alaykum!
Goedemorgen!	Хайрли тонг!	Xayrli tong!
Goedemiddag!	Хайрли кун!	Xayrli kun!
Goedenavond!	Хайрли оқшом!	Xayrli oqshom!
gedag zeggen (groeten)	саломлашмоқ	salomlashmoq
Hoi!	Салом бердик!	Salom berdik!
groeten (het)	салом	salom
verwelkomen (ww)	салом бермоқ	salom bermoq
Is er nog nieuws?	Янгилик борми?	Yangilik bormi?
Dag! Tot ziens!	Хайр!	Xayr!
Tot snel! Tot ziens!	Кўришқунча хайр!	Ko'rishquncha xayr!
Vaarwel!	Соғ бўлинг!	Sog' bo'ling!
afscheid nemen (ww)	хайрлашмоқ	xayrlashmoq
Tot kijk!	Ҳозирча хайр!	Hozircha xayr!
Dank u!	Раҳмат!	Rahmat!
Dank u wel!	Катта раҳмат!	Katta rahmat!
Graag gedaan	Марҳамат	Marhamat
Geen dank!	Ташаккур билдиришга арзимайди.	Tashakkur bildirishga arzimaydi.
Geen moeite.	Арзимайди	Arzimaydi
Excuseer me, ... (inform.)	Кечир!	Kechir!
Excuseer me, ... (form.)	Кечиринг!	Kechiring!
excuseren (verontschuldigen)	кечирмоқ	kechirmoq
zich verontschuldigen	кечирим сўрамоқ	kechirim so'ramoq
Mijn excuses.	Мени кечиргайсиз.	Meni kechirgaysiz.

Het spijt me!	Афв етасиз!	Afv etasiz!
vergeven (ww)	афв етмоқ	afv etmoq
Maakt niet uit!	Ҳечқиси йўқ!	Hechqisi yo'q!
alsjeblieft	марҳамат қилиб	marhamat qilib
Vergeet het niet!	Унутманг!	Unutmang!
Natuurlijk!	Албатта!	Albatta!
Natuurlijk niet!	Албатта, йўқ!	Albatta, yo'q!
Akkoord!	Розиман!	Roziman!
Zo is het genoeg!	Бас!	Bas!

3. Hoe aan te spreken

meneer	Жаноб	Janob
mevrouw	Хоним	Xonim
juffrouw	Яхши қиз	Yaxshi qiz
jongeman	Яхши йигит	Yaxshi yigit
jongen	Болакай	Bolakay
meisje	Қизалоқ	Qizaloq

4. Kardinale getallen. Deel 1

nul	нол	nol
een	бир	bir
twee	икки	ikki
drie	уч	uch
vier	тўрт	to'rt
vijf	беш	besh
zes	олти	olti
zeven	етти	etti
acht	саккиз	sakkiz
negen	тўққиз	to'qqiz
tien	ўн	o'n
elf	ўн бир	o'n bir
twaalf	ўн икки	o'n ikki
dertien	ўн уч	o'n uch
veertien	ўн тўрт	o'n to'rt
vijftien	ўн беш	o'n besh
zestien	ўн олти	o'n olti
zeventien	ўн етти	o'n etti
achttien	ўн саккиз	o'n sakkiz
negentien	ўн тўққиз	o'n to'qqiz
twintig	йигирма	yigirma
eenentwintig	йигирма бир	yigirma bir
tweeëntwintig	йигирма икки	yigirma ikki
drieëntwintig	йигирма уч	yigirma uch
dertig	ўттиз	o'ttiz
eenendertig	ўттиз бир	o'ttiz bir

tweeëndertig	ўттиз икки	o'ttiz ikki
drieëndertig	ўттиз уч	o'ttiz uch
veertig	қирқ	qirq
eenenveertig	қирқ бир	qirq bir
tweeënveertig	қирқ икки	qirq ikki
drieënveertig	қирқ уч	qirq uch
vijftig	еллик	ellik
eenenvijftig	еллик бир	ellik bir
tweeënvijftig	еллик икки	ellik ikki
drieënvijftig	еллик уч	ellik uch
zestig	олтмиш	oltmish
eenenzestig	олтмиш бир	oltmish bir
tweeënzestig	олтмиш икки	oltmish ikki
drieënzestig	олтмиш уч	oltmish uch
zeventig	етмиш	etmish
eenenzeventig	етмиш бир	etmish bir
tweeënzeventig	етмиш икки	etmish ikki
drieënzeventig	етмиш уч	etmish uch
tachtig	саксон	sakson
eenentachtig	саксон бир	sakson bir
tweeëntachtig	саксон икки	sakson ikki
drieëntachtig	саксон уч	sakson uch
negentig	тўқсон	to'qson
eenennegentig	тўқсон бир	to'qson bir
tweeënnegentig	тўқсон икки	to'qson ikki
drieënnegentig	тўқсон уч	to'qson uch

5. Kardinale getallen. Deel 2

honderd	юз	yuz
tweehonderd	икки юз	ikki yuz
driehonderd	уч юз	uch yuz
vierhonderd	тўрт юз	to'rt yuz
vijfhonderd	беш юз	besh yuz
zeshonderd	олти юз	olti yuz
zevenhonderd	етти юз	etti yuz
achthonderd	саккиз юз	sakkiz yuz
negenhonderd	тўққиз юз	to'qqiz yuz
duizend	минг	ming
tweeduizend	икки минг	ikki ming
drieduizend	уч минг	uch ming
tienduizend	ўн минг	o'n ming
honderdduizend	юз минг	yuz ming
miljoen (het)	миллион	million
miljard (het)	миллиард	milliard

6. Ordinale getallen

eerste (bn)	биринчи	birinchi
tweede (bn)	иккинчи	ikkinchi
derde (bn)	учинчи	uchinchi
vierde (bn)	тўртинчи	to'rtinchi
vijfde (bn)	бешинчи	beshinchi
zesde (bn)	олтинчи	oltinchi
zevende (bn)	еттинчи	ettinchi
achtste (bn)	саккизинчи	sakkizinchi
negende (bn)	тўққизинчи	to'qqizinchi
tiende (bn)	ўнинчи	o'ninchi

7. Getallen. Breuken

breukgetal (het)	каср	kasr
half	иккидан бир	ikkidan bir
een derde	учдан бир	uchdan bir
kwart	тўртдан бир	to'rtdan bir
een achtste	саккиздан бир	sakkizdan bir
een tiende	ўндан бир	o'ndan bir
twee derde	учдан икки	uchdan ikki
driekwart	тўртдан уч	to'rtdan uch

8. Getallen. Eenvoudige berekeningen

aftrekking (de)	айириш	ayirish
aftrekken (ww)	айирмоқ	ayirmoq
deling (de)	бўлиш	bo'lish
delen (ww)	бўлмоқ	bo'lmoq
optelling (de)	қўшиш	qo'shish
erbij optellen (bij elkaar voegen)	қўшмоқ	qo'shmoq
optellen (ww)	яна қўшмоқ	yana qo'shmoq
vermenigvuldiging (de)	кўпайтириш	ko'paytirish
vermenigvuldigen (ww)	кўпайтирмоқ	ko'paytirmoq

9. Getallen. Diversen

cijfer (het)	рақам	raqam
nummer (het)	сон	son
telwoord (het)	саноқ сон	sanoq son
minteken (het)	минус	minus
plusteken (het)	плюс	plyus
formule (de)	формула	formula
berekening (de)	ҳисоблаш	hisoblash

tellen (ww)	санамоқ	sanamoq
bijrekenen (ww)	ҳисобламоқ	hisoblamoq
vergelijken (ww)	солиштирмоқ	solishtirmoq
Hoeveel? (ontelb.)	Қанча?	Qancha?
Hoeveel? (telb.)	Нечта?	Nechta?
som (de), totaal (het)	сумма	summa
uitkomst (de)	натижа	natija
rest (de)	қолдиқ	qoldiq
enkele (bijv. ~ minuten)	бир нечта	bir nechta
weinig (bw)	бир оз	biroz
restant (het)	қолгани	qolgani
anderhalf	бир ярим	bir yarim
dozijn (het)	ўн иккита	o'n ikkita
middendoor (bw)	иккига бўлиб	ikkiga bo'lib
even (bw)	тенг-баравар	teng-baravar
helft (de)	ярим	yarim
keer (de)	марта	marta

10. De belangrijkste werkwoorden. Deel 1

aanbevelen (ww)	тавсия қилмоқ	tavsiya qilmoq
aandringen (ww)	талаб қилмоқ	talab qilmoq
aankomen (per auto, enz.)	етиб келмоқ	etib kelmoq
aanraken (ww)	тегмоқ	tegmoq
adviseren (ww)	маслаҳат бермоқ	maslahat bermoq
afdalen (on.ww.)	тушмоқ	tushmoq
afslaan (naar rechts ~)	бурмоқ	burmoq
antwoorden (ww)	жавоб бермоқ	javob bermoq
bang zijn (ww)	қўрқмоқ	qo'rqmoq
bedreigen (bijv. met een pistool)	пўписа қилмоқ	po'pisa qilmoq
bedriegen (ww)	алдамоқ	aldamoq
beëindigen (ww)	тугатмоқ	tugatmoq
beginnen (ww)	бошламоқ	boshlamoq
begrijpen (ww)	тушунмоқ	tushunmoq
beheren (managen)	бошқармоқ	boshqarmoq
beledigen (met scheldwoorden)	ҳақоратламоқ	haqoratlamoq
beloven (ww)	ваъда бермоқ	va'da bermoq
bereiden (koken)	тайёрламоқ	tayyorlamoq
bespreken (spreken over)	муҳокама қилмоқ	muhokama qilmoq
bestellen (eten ~)	буюртма бермоқ	buyurtma bermoq
bestraffen (een stout kind ~)	жазоламоқ	jazolamoq
betalen (ww)	тўламоқ	to'lamoq
betekenen (beduiden)	билдирмоқ	bildirmoq
betreuren (ww)	афсусланмоқ	afsuslanmoq
bevallen (prettig vinden)	ёқмоқ	yoqmoq

bevelen (mil.)	буюрмоқ	buyurmoq
bevrijden (stad, enz.)	халос қилмоқ	xalos qilmoq
bewaren (ww)	сақламоқ	saqlamoq
bezitten (ww)	ега бўлмоқ	ega bo'lmoq
bidden (praten met God)	ибодат қилмоқ	ibodat qilmoq
binnengaan (een kamer ~)	кирмоқ	kirmoq
breken (ww)	синдирмоқ	sindirmoq
controleren (ww)	назорат қилмоқ	nazorat qilmoq
creëren (ww)	яратмоқ	yaratmoq
deelnemen (ww)	иштирок етмоқ	ishtirok etmoq
denken (ww)	ўйламоқ	o'ylamoq
doden (ww)	ўлдирмоқ	o'ldirmoq
doen (ww)	қилмоқ	qilmoq
dorst hebben (ww)	чанқамоқ	chanqamoq

11. De belangrijkste werkwoorden. Deel 2

een hint geven	ишора қилмоқ	ishora qilmoq
eisen (met klem vragen)	талаб қилмоқ	talab qilmoq
existeren (bestaan)	мавжуд бўлмоқ	mavjud bo'lmoq
gaan (te voet)	юрмоқ	yurmoq
gaan zitten (ww)	ўтирмоқ	o'tirmoq
gaan zwemmen	чўмилмоқ	cho'milmoq
geven (ww)	бермоқ	bermoq
glimlachen (ww)	жилмаймоқ	jilmaymoq
goed raden (ww)	топмоқ	topmoq
grappen maken (ww)	ҳазиллашмоқ	hazillashmoq
graven (ww)	қазимоқ	qazimoq
hebben (ww)	ега бўлмоқ	ega bo'lmoq
helpen (ww)	ёрдамлашмоқ	yordamlashmoq
herhalen (opnieuw zeggen)	қайтармоқ	qaytarmoq
honger hebben (ww)	ейишни истамоқ	eyishni istamoq
hopen (ww)	умид қилмоқ	umid qilmoq
horen (waarnemen met het oor)	эшитмоқ	eshitmoq
huilen (wenen)	йиғламоқ	yig'lamoq
huren (huis, kamer)	ижарага олмоқ	ijaraga olmoq
informeren (informatie geven)	хабардор қилмоқ	xabardor qilmoq
instemmen (akkoord gaan)	рози бўлмоқ	rozi bo'lmoq
jagen (ww)	ов қилмоқ	ov qilmoq
kennen (kennis hebben van iemand)	танимоқ	tanimoq
kiezen (ww)	танламоқ	tanlamoq
klagen (ww)	шикоят қилмоқ	shikoyat qilmoq
kosten (ww)	арзимоқ	arzimoq
kunnen (ww)	уддаламоқ	uddalamoq

lachen (ww)	кулмоқ	kulmoq
laten vallen (ww)	туширмоқ	tushirmoq
lezen (ww)	ўқимоқ	o'qimoq
liefhebben (ww)	севмоқ	sevmoq
lunchen (ww)	тушлик қилмоқ	tushlik qilmoq
nemen (ww)	олмоқ	olmoq
nodig zijn (ww)	керак бўлмоқ	kerak bo'lmoq

12. De belangrijkste werkwoorden. Deel 3

onderschatten (ww)	кам баҳо бермоқ	kam baho bermoq
ondertekenen (ww)	имзоламоқ	imzolamoq
ontbijten (ww)	нонушта қилмоқ	nonushta qilmoq
openen (ww)	очмоқ	ochmoq
ophouden (ww)	тўхтатмоқ	to'xtatmoq
opmerken (zien)	кўриб қолмоқ	ko'rib qolmoq
opscheppen (ww)	мақтанмоқ	maqtanmoq
opschrijven (ww)	ёзиб олмоқ	yozib olmoq
plannen (ww)	режаламоқ	rejalamoq
prefereren (verkiezen)	афзал кўрмоқ	afzal ko'rmoq
proberen (trachten)	уриниб кўрмоқ	urinib ko'rmoq
redden (ww)	қутқармоқ	qutqarmoq
rekenen op …	… га умид қилмоқ	… ga umid qilmoq
rennen (ww)	югурмоқ	yugurmoq
reserveren (een hotelkamer ~)	захира қилиб қўймоқ	zaxira qilib qo'ymoq
roepen (om hulp)	чақирмоқ	chaqirmoq
schieten (ww)	отмоқ	otmoq
schreeuwen (ww)	бақирмоқ	baqirmoq
schrijven (ww)	ёзмоқ	yozmoq
souperen (ww)	кечки овқатни емоқ	kechki ovqatni emoq
spelen (kinderen)	ўйнамоқ	o'ynamoq
spreken (ww)	гапирмоқ	gapirmoq
stelen (ww)	ўғирламоқ	o'g'irlamoq
stoppen (pauzeren)	тўхтамоқ	to'xtamoq
studeren (Nederlands ~)	ўрганмоқ	o'rganmoq
sturen (zenden)	жўнатмоқ	jo'natmoq
tellen (optellen)	ҳисобламоқ	hisoblamoq
toebehoren …	тегишли бўлмоқ	tegishli bo'lmoq
toestaan (ww)	рухсат бермоқ	ruxsat bermoq
tonen (ww)	кўрсатмоқ	ko'rsatmoq
twijfelen (onzeker zijn)	иккиланмоқ	ikkilanmoq
uitgaan (ww)	чиқмоқ	chiqmoq
uitnodigen (ww)	таклиф қилмоқ	taklif qilmoq
uitspreken (ww)	айтмоқ	aytmoq
uitvaren tegen (ww)	койимоқ	koyimoq

13. De belangrijkste werkwoorden. Deel 4

vallen (ww)	йиқилмоқ	yiqilmoq
vangen (ww)	тутмоқ	tutmoq
veranderen (anders maken)	ўзгартирмоқ	o'zgartirmoq
verbaasd zijn (ww)	ҳайрон қолмоқ	hayron qolmoq
verbergen (ww)	беркитмоқ	berkitmoq
verdedigen (je land ~)	ҳимоя қилмоқ	himoya qilmoq
verenigen (ww)	бирлаштирмоқ	birlashtirmoq
vergelijken (ww)	солиштирмоқ	solishtirmoq
vergeten (ww)	унутмоқ	unutmoq
vergeven (ww)	кечирмоқ	kechirmoq
verklaren (uitleggen)	тушунтирмоқ	tushuntirmoq
verkopen (per stuk ~)	сотмоқ	sotmoq
vermelden (praten over)	еслатиб ўтмоқ	eslatib o'tmoq
versieren (decoreren)	безамоқ	bezamoq
vertalen (ww)	таржима қилмоқ	tarjima qilmoq
vertrouwen (ww)	ишонмоқ	ishonmoq
vervolgen (ww)	давом еттирмоқ	davom ettirmoq
verwarren (met elkaar ~)	адаштирмоқ	adashtirmoq
verzoeken (ww)	сўрамоқ	so'ramoq
verzuimen (school, enz.)	қолдирмоқ	qoldirmoq
vinden (ww)	топмоқ	topmoq
vliegen (ww)	учмоқ	uchmoq
volgen (ww)	... орқасидан бормоқ	... orqasidan bormoq
voorstellen (ww)	таклиф қилмоқ	taklif qilmoq
voorzien (verwachten)	олдиндан кўрмоқ	oldindan ko'rmoq
vragen (ww)	сўрамоқ	so'ramoq
waarnemen (ww)	кузатмоқ	kuzatmoq
waarschuwen (ww)	огоҳлантирмоқ	ogohlantirmoq
wachten (ww)	кутмоқ	kutmoq
weerspreken (ww)	еътироз билдирмоқ	e'tiroz bildirmoq
weigeren (ww)	рад қилмоқ	rad qilmoq
werken (ww)	ишламоқ	ishlamoq
weten (ww)	билмоқ	bilmoq
willen (verlangen)	истамоқ	istamoq
zeggen (ww)	айтмоқ	aytmoq
zich haasten (ww)	шошилмоқ	shoshilmoq
zich interesseren voor ...	қизиқмоқ	qiziqmoq
zich vergissen (ww)	адашмоқ	adashmoq
zich verontschuldigen	кечирим сўрамоқ	kechirim so'ramoq
zien (ww)	кўрмоқ	ko'rmoq
zoeken (ww)	... изламоқ	... izlamoq
zwemmen (ww)	сузмоқ	suzmoq
zwijgen (ww)	индамай турмоқ	indamay turmoq

14. Kleuren

kleur (de)	ранг	rang
tint (de)	рангдаги нозик фарқ	rangdagi nozik farq
kleurnuance (de)	тус	tus
regenboog (de)	камалак	kamalak
wit (bn)	оқ	oq
zwart (bn)	қора	qora
grijs (bn)	кул ранг	kul rang
groen (bn)	яшил	yashil
geel (bn)	сариқ	sariq
rood (bn)	қизил	qizil
blauw (bn)	кўк	ko'k
lichtblauw (bn)	ҳаво ранг	havo rang
roze (bn)	пушти	pushti
oranje (bn)	тўқ сариқ	to'q sariq
violet (bn)	бинафша ранг	binafsha rang
bruin (bn)	жигар ранг	jigar rang
goud (bn)	олтин ранг	oltin rang
zilverkleurig (bn)	кумуш ранг	kumush rang
beige (bn)	оч жигар ранг	och jigar rang
roomkleurig (bn)	оч сариқ ранг	och sariq rang
turkoois (bn)	феруза ранг	feruza rang
kersrood (bn)	олча ранг	olcha rang
lila (bn)	нафармон	nafarmon
karmijnrood (bn)	тўқ қизил ранг	to'q qizil rang
licht (bn)	оч	och
donker (bn)	тўқ	to'q
fel (bn)	ёрқин	yorqin
kleur-, kleurig (bn)	рангли	rangli
kleuren- (abn)	рангли	rangli
zwart-wit (bn)	оқ-қора	oq-qora
eenkleurig (bn)	бир рангдаги	bir rangdagi
veelkleurig (bn)	ранг-баранг	rang-barang

15. Vragen

Wie?	Ким?	Kim?
Wat?	Нима?	Nima?
Waar?	Қаерда?	Qaerda?
Waarheen?	Қаерга?	Qaerga?
Waar ... vandaan?	Қаердан?	Qaerdan?
Wanneer?	Қачон?	Qachon?
Waarom?	Нега?	Nega?
Waarom?	Нима сабабдан?	Nima sababdan?
Waarvoor dan ook?	Нима учун?	Nima uchun?

Hoe?	Қандай?	Qanday?
Wat voor …?	Қанақа?	Qanaqa?
Welk?	Қайси?	Qaysi?
Aan wie?	Кимга?	Kimga?
Over wie?	Ким хақида?	Kim haqida?
Waarover?	Нима хақида?	Nima haqida?
Met wie?	Ким билан?	Kim bilan?
Hoeveel? (ontelb.)	Қанча?	Qancha?
Van wie? (mann.)	Кимники?	Kimniki?

16. Voorzetsels

met (bijv. ~ beleg)	… билан	… bilan
zonder (~ accent)	… сиз	… siz
naar (in de richting van)	… га	… ga
over (praten ~)	хақида	haqida
voor (in tijd)	аввал	avval
voor (aan de voorkant)	олдин	oldin
onder (lager dan)	тагида	tagida
boven (hoger dan)	устида	ustida
op (bovenop)	… да	… da
van (uit, afkomstig van)	… дан	… dan
van (gemaakt van)	… дан	… dan
over (bijv. ~ een uur)	… дан кейин	… dan keyin
over (over de bovenkant)	устидан	ustidan

17. Functiewoorden. Bijwoorden. Deel 1

Waar?	Қаерда?	Qaerda?
hier (bw)	шу ерда	shu erda
daar (bw)	у ерда	u erda
ergens (bw)	қаердадир	qaerdadir
nergens (bw)	хеч қаерда	hech qaerda
bij … (in de buurt)	… ёнида	… yonida
bij het raam	дераза ёнида	deraza yonida
Waarheen?	Қаерга?	Qaerga?
hierheen (bw)	бу ерга	bu erga
daarheen (bw)	у ерга	u erga
hiervandaan (bw)	бу ердан	bu erdan
daarvandaan (bw)	у ердан	u erdan
dichtbij (bw)	яқин	yaqin
ver (bw)	узоқ	uzoq
in de buurt (van …)	ёнида, яқинида	yonida, yaqinida
vlakbij (bw)	ёнма-ён	yonma-yon

niet ver (bw)	узоқ емас	uzoq emas
linker (bn)	чап	chap
links (bw)	чапдан	chapdan
linksaf, naar links (bw)	чапга	chapga
rechter (bn)	ўнг	o'ng
rechts (bw)	ўнгда	o'ngda
rechtsaf, naar rechts (bw)	ўнгга	o'ngga
vooraan (bw)	олдида	oldida
voorste (bn)	олдинги	oldingi
vooruit (bw)	олдинга	oldinga
achter (bw)	орқада	orqada
van achteren (bw)	орқадан	orqadan
achteruit (naar achteren)	орқага	orqaga
midden (het)	ўрта	o'rta
in het midden (bw)	ўртада	o'rtada
opzij (bw)	ёнида	yonida
overal (bw)	ҳар ерда	har erda
omheen (bw)	атрофда	atrofda
binnenuit (bw)	ичида	ichida
naar ergens (bw)	қаергадир	qaergadir
rechtdoor (bw)	тўғри йўлдан	to'g'ri yo'ldan
terug (bijv. ~ komen)	қарама-қарши томонга	qarama-qarshi tomonga
ergens vandaan (bw)	бирор жойдан	biror joydan
ergens vandaan (en dit geld moet ~ komen)	қаердандир	qaerdandir
ten eerste (bw)	биринчидан	birinchidan
ten tweede (bw)	иккинчидан	ikkinchidan
ten derde (bw)	учинчидан	uchinchidan
plotseling (bw)	тўсатдан	to'satdan
in het begin (bw)	дастлаб	dastlab
voor de eerste keer (bw)	илк бор	ilk bor
lang voor ... (bw)	анча олдин	ancha oldin
opnieuw (bw)	янгидан	yangidan
voor eeuwig (bw)	бутунлай	butunlay
nooit (bw)	ҳеч қачон	hech qachon
weer (bw)	яна	yana
nu (bw)	ҳозир	hozir
vaak (bw)	тез-тез	tez-tez
toen (bw)	ўшанда	o'shanda
urgent (bw)	тезда	tezda
meestal (bw)	одатда	odatda
trouwens, ... (tussen haakjes)	айтганча, ...	aytgancha, ...
mogelijk (bw)	бўлиши мумкин	bo'lishi mumkin
waarschijnlijk (bw)	эҳтимол	ehtimol

misschien (bw)	бўлиши мумкин	bo'lishi mumkin
trouwens (bw)	ундан ташқари, ...	undan tashqari, ...
daarom ...	шунинг учун	shuning uchun
in weerwil van ...	... га қарамай	... ga qaramay
dankzij ...	... туфайли	... tufayli
wat (vn)	нима	nima
dat (vw)	... ки	... ki
iets (vn)	қандайдир	qandaydir
iets	бирор нарса	biror narsa
niets (vn)	ҳеч нарса	hech narsa
wie (~ is daar?)	ким	kim
iemand (een onbekende)	кимдир	kimdir
iemand (een bepaald persoon)	биортаси	birortasi
niemand (vn)	ҳеч ким	hech kim
nergens (bw)	ҳеч қаерга	hech qaerga
niemands (bn)	егасиз	egasiz
iemands (bn)	бирор кимсаники	biror kimsaniki
zo (Ik ben ~ blij)	шундай	shunday
ook (evenals)	ҳамда	hamda
alsook (eveneens)	ҳам	ham

18. Functiewoorden. Bijwoorden. Deel 2

Waarom?	Нимага?	Nimaga?
om een bepaalde reden	нимагадир	nimagadir
omdat ...	чунки ...	chunki ...
voor een bepaald doel	негадир	negadir
en (vw)	ва	va
of (vw)	ёки	yoki
maar (vw)	лекин	lekin
voor (vz)	учун	uchun
te (~ veel mensen)	жуда ҳам	juda ham
alleen (bw)	фақат	faqat
precies (bw)	аниқ	aniq
ongeveer (~ 10 kg)	тақрибан	taqriban
omstreeks (bw)	тахминан	taxminan
bij benadering (bn)	тахминий	taxminiy
bijna (bw)	деярли	deyarli
rest (de)	қолгани	qolgani
elk (bn)	ҳар бир	har bir
om het even welk	ҳар қандай	har qanday
veel (grote hoeveelheid)	кўп	ko'p
veel mensen	кўпчилик	ko'pchilik
iedereen (alle personen)	барча	barcha
in ruil voor ...	... ўрнига	... o'rniga

in ruil (bw)	евазига	evaziga
met de hand (bw)	қўл билан	qo'l bilan
onwaarschijnlijk (bw)	эҳтимолдан узоқ	ehtimoldan uzoq
waarschijnlijk (bw)	эҳтимол	ehtimol
met opzet (bw)	атайин	atayin
toevallig (bw)	тасодифан	tasodifan
zeer (bw)	жуда	juda
bijvoorbeeld (bw)	масалан	masalan
tussen (~ twee steden)	ўртасида	o'rtasida
tussen (te midden van)	ичида	ichida
zoveel (bw)	шунча	shuncha
vooral (bw)	айниқса	ayniqsa

Basisbegrippen Deel 2

19. Dagen van de week

maandag (de)	душанба	dushanba
dinsdag (de)	сешанба	seshanba
woensdag (de)	чоршанба	chorshanba
donderdag (de)	пайшанба	payshanba
vrijdag (de)	жума	juma
zaterdag (de)	шанба	shanba
zondag (de)	якшанба	yakshanba
vandaag (bw)	бугун	bugun
morgen (bw)	эртага	ertaga
overmorgen (bw)	индинга	indinga
gisteren (bw)	кеча	kecha
eergisteren (bw)	ўтган куни	o'tgan kuni
dag (de)	кун	kun
werkdag (de)	иш куни	ish kuni
feestdag (de)	байрам куни	bayram kuni
verlofdag (de)	дам олиш куни	dam olish kuni
weekend (het)	дам олиш кунлари	dam olish kunlari
de hele dag (bw)	кун бўйи	kun bo'yi
de volgende dag (bw)	эртаси куни	ertasi kuni
twee dagen geleden	икки кун аввал	ikki kun avval
aan de vooravond (bw)	арафасида	arafasida
dag-, dagelijks (bn)	ҳар кунги	har kungi
elke dag (bw)	ҳар куни	har kuni
week (de)	ҳафта	hafta
vorige week (bw)	ўтган ҳафта	o'tgan hafta
volgende week (bw)	келгуси ҳафтада	kelgusi haftada
wekelijks (bn)	ҳафталик	haftalik
elke week (bw)	ҳар ҳафта	har hafta
twee keer per week	ҳафтасига икки марта	haftasiga ikki marta
elke dinsdag	ҳар сешанба	har seshanba

20. Uren. Dag en nacht

morgen (de)	тонг	tong
's morgens (bw)	эрталаб	ertalab
middag (de)	чошгоҳ	choshgoh
's middags (bw)	тушликдан сўнг	tushlikdan so'ng
avond (de)	оқшом	oqshom
's avonds (bw)	кечқурун	kechqurun

nacht (de)	тун	tun
's nachts (bw)	тунда	tunda
middernacht (de)	ярим тун	yarim tun
seconde (de)	сония	soniya
minuut (de)	дақиқа	daqiqa
uur (het)	соат	soat
halfuur (het)	ярим соат	yarim soat
kwartier (het)	чорак соат	chorak soat
vijftien minuten	ўн беш дақиқа	o'n besh daqiqa
etmaal (het)	сутка	sutka
zonsopgang (de)	қуёш чиқиши	quyosh chiqishi
dageraad (de)	тонг отиши	tong otishi
vroege morgen (de)	эрта тонг	erta tong
zonsondergang (de)	кун ботиши	kun botishi
's morgens vroeg (bw)	эрталаб	ertalab
vanmorgen (bw)	бугун эрталаб	bugun ertalab
morgenochtend (bw)	эртага тонгда	ertaga tongda
vanmiddag (bw)	бугун кундузи	bugun kunduzi
's middags (bw)	тушликдан сўнг	tushlikdan so'ng
morgenmiddag (bw)	эртага тушликдан сўнг	ertaga tushlikdan so'ng
vanavond (bw)	бугун кечқурун	bugun kechqurun
morgenavond (bw)	эртага кечқурун	ertaga kechqurun
klokslag drie uur	роппа-роса соат учда	roppa-rosa soat uchda
ongeveer vier uur	соат тўртлар атрофида	soat to'rtlar atrofida
tegen twaalf uur	соат ўн иккиларга	soat o'n ikkilarga
over twintig minuten	йигирма дақиқадан кейин	yigirma daqiqadan keyin
over een uur	бир соатдан кейин	bir soatdan keyin
op tijd (bw)	вақтида	vaqtida
kwart voor ...	чоракам	chorakam
binnen een uur	бир соат давомида	bir soat davomida
elk kwartier	ҳар ў беш дақиқада	har o' besh daqiqada
de klok rond	кечаю-кундуз	kechayu-kunduz

21. Maanden. Seizoenen

januari (de)	январ	yanvar
februari (de)	феврал	fevral
maart (de)	март	mart
april (de)	апрел	aprel
mei (de)	май	may
juni (de)	июн	iyun
juli (de)	июл	iyul
augustus (de)	август	avgust
september (de)	сентябр	sentyabr
oktober (de)	октябр	oktyabr

november (de)	ноябр	noyabr
december (de)	декабр	dekabr
lente (de)	баҳор	bahor
in de lente (bw)	баҳорда	bahorda
lente- (abn)	баҳорги	bahorgi
zomer (de)	ёз	yoz
in de zomer (bw)	ёзда	yozda
zomer-, zomers (bn)	ёзги	yozgi
herfst (de)	куз	kuz
in de herfst (bw)	кузгда	kuzgda
herfst- (abn)	кузги	kuzgi
winter (de)	қиш	qish
in de winter (bw)	қишда	qishda
winter- (abn)	қишки	qishki
maand (de)	ой	oy
deze maand (bw)	бу ой	bu oy
volgende maand (bw)	янаги ойда	yanagi oyda
vorige maand (bw)	ўтган ойда	o'tgan oyda
een maand geleden (bw)	бир ой аввал	bir oy avval
over een maand (bw)	бир ойдан кейин	bir oydan keyin
over twee maanden (bw)	икки ойдан кейин	ikki oydan keyin
de hele maand (bw)	ой бўйи	oy bo'yi
een volle maand (bw)	бутун ой давомида	butun oy davomida
maand-, maandelijks (bn)	ойлик	oylik
maandelijks (bw)	ҳар ойда	har oyda
elke maand (bw)	ҳар ойда	har oyda
twee keer per maand	ойига икки марта	oyiga ikki marta
jaar (het)	йил	yil
dit jaar (bw)	шу йили	shu yili
volgend jaar (bw)	кейинги йили	keyingi yili
vorig jaar (bw)	ўтган йили	o'tgan yili
een jaar geleden (bw)	бир йил аввал	bir yil avval
over een jaar	бир йилдан кейин	bir yildan keyin
over twee jaar	икки йилдан кейин	ikki yildan keyin
het hele jaar	йил бўйи	yil bo'yi
een vol jaar	бутун йил давомида	butun yil davomida
elk jaar	ҳар йили	har yili
jaar-, jaarlijks (bn)	ҳар йилги	har yilgi
jaarlijks (bw)	ҳар йилда	har yilda
4 keer per jaar	йилига тўрт марта	yiliga to'rt marta
datum (de)	ойнинг куни	oyning kuni
datum (de)	сана	sana
kalender (de)	календар	kalendar
een half jaar	ярим йил	yarim yil
zes maanden	ярим йиллик	yarim yillik

seizoen (bijv. lente, zomer)	мавсум	mavsum
eeuw (de)	аср	asr

22. Meeteenheden

gewicht (het)	вазн	vazn
lengte (de)	узунлик	uzunlik
breedte (de)	кенглик	kenglik
hoogte (de)	баландлик	balandlik
diepte (de)	чуқурлик	chuqurlik
volume (het)	ҳажм	hajm
oppervlakte (de)	майдон	maydon
gram (het)	грамм	gramm
milligram (het)	миллиграмм	milligramm
kilogram (het)	килограмм	kilogramm
ton (duizend kilo)	тонна	tonna
pond (het)	фунт	funt
ons (het)	унция	untsiya
meter (de)	метр	metr
millimeter (de)	миллиметр	millimetr
centimeter (de)	сантиметр	santimetr
kilometer (de)	километр	kilometr
mijl (de)	миля	milya
duim (de)	дюйм	dyuym
voet (de)	фут	fut
yard (de)	ярд	yard
vierkante meter (de)	квадрат метр	kvadrat metr
hectare (de)	гектар	gektar
liter (de)	литр	litr
graad (de)	градус	gradus
volt (de)	волт	volt
ampère (de)	ампер	amper
paardenkracht (de)	от кучи	ot kuchi
hoeveelheid (de)	миқдор	miqdor
een beetje ...	бироз ...	biroz ...
helft (de)	ярим	yarim
dozijn (het)	ўн иккита	o'n ikkita
stuk (het)	дона	dona
afmeting (de)	ўлчам	o'lcham
schaal (bijv. ~ van 1 op 50)	масштаб	masshtab
minimaal (bn)	минимал	minimal
minste (bn)	енг кичик	eng kichik
medium (bn)	ўрта	o'rta
maximaal (bn)	максимал	maksimal
grootste (bn)	енг катта	eng katta

23. Containers

glazen pot (de)	банка	banka
blik (conserven~)	банка	banka
emmer (de)	челак	chelak
ton (bijv. regenton)	бочка	bochka
ronde waterbak (de)	жом	jom
tank (bijv. watertank-70-ltr)	бак	bak
heupfles (de)	фляжка	flyajka
jerrycan (de)	канистра	kanistra
tank (bijv. ketelwagen)	систерна	sisterna
beker (de)	кружка	krujka
kopje (het)	косача	kosacha
schoteltje (het)	ликопча	likopcha
glas (het)	стакан	stakan
wijnglas (het)	қадаҳ	qadah
steelpan (de)	кастрюл	kastryul
fles (de)	бутилка	butilka
flessenhals (de)	бўғзи	bo'g'zi
karaf (de)	графин	grafin
kruik (de)	кўза	ko'za
vat (het)	идиш	idish
pot (de)	хумча	xumcha
vaas (de)	ваза	vaza
flacon (de)	флакон	flakon
flesje (het)	шишача	shishacha
tube (bijv. ~ tandpasta)	тюбик	tyubik
zak (bijv. ~ aardappelen)	қоп	qop
tasje (het)	қоғоз халта	qog'oz xalta
pakje (~ sigaretten, enz.)	қути	quti
doos (de)	қути	quti
kist (de)	яшик	yashik
mand (de)	сават	savat

MENS

Mens. Het lichaam

24. Hoofd

hoofd (het)	бош	bosh
gezicht (het)	юз	yuz
neus (de)	бурун	burun
mond (de)	оғиз	og'iz
oog (het)	кўз	ko'z
ogen (mv.)	кўзлар	ko'zlar
pupil (de)	қорачиқ	qorachiq
wenkbrauw (de)	қош	qosh
wimper (de)	киприк	kiprik
ooglid (het)	кўз қовоғи	ko'z qovog'i
tong (de)	тил	til
tand (de)	тиш	tish
lippen (mv.)	лаблар	lablar
jukbeenderen (mv.)	ёноқлар	yonoqlar
tandvlees (het)	милк	milk
gehemelte (het)	танглай	tanglay
neusgaten (mv.)	бурун тешиги	burun teshigi
kin (de)	енгак	engak
kaak (de)	жағ	jag'
wang (de)	юз	yuz
voorhoofd (het)	пешона	peshona
slaap (de)	чакка	chakka
oor (het)	қулоқ	quloq
achterhoofd (het)	гардан	gardan
hals (de)	бўйин	bo'yin
keel (de)	томоқ	tomoq
haren (mv.)	сочлар	sochlar
kapsel (het)	турмак	turmak
haarsnit (de)	кесиш	kesish
pruik (de)	ясама соч	yasama soch
snor (de)	мўйлов	mo'ylov
baard (de)	соқол	soqol
dragen (een baard, enz.)	қўйиш	qo'yish
vlecht (de)	соч ўрими	soch o'rimi
bakkebaarden (mv.)	чекка соқол	chekka soqol
ros (roodachtig, rossig)	малла	malla
grijs (~ haar)	оқарган	oqargan

kaal (bn)	кал	kal
kale plek (de)	сочи йўқ жой	sochi yo'q joy
paardenstaart (de)	дум	dum
pony (de)	пешонагажак	peshonagajak

25. Menselijk lichaam

hand (de)	панжа	panja
arm (de)	қўл	qo'l
vinger (de)	бармоқ	barmoq
duim (de)	катта бармоқ	katta barmoq
pink (de)	жимжилоқ	jimjiloq
nagel (de)	тирноқ	tirnoq
vuist (de)	мушт	musht
handpalm (de)	кафт	kaft
pols (de)	билак	bilak
voorarm (de)	билак	bilak
elleboog (de)	тирсак	tirsak
schouder (de)	елка	elka
been (rechter ~)	оёқ	oyoq
voet (de)	товон таги	tovon tagi
knie (de)	тизза	tizza
kuit (de)	болдир	boldir
heup (de)	сон	son
hiel (de)	товон	tovon
lichaam (het)	тана	tana
buik (de)	қорин	qorin
borst (de)	кўкрак	ko'krak
borst (de)	сийна, емчак	siyna, emchak
zijde (de)	ёнбош	yonbosh
rug (de)	орқа	orqa
lage rug (de)	бел	bel
taille (de)	бел	bel
navel (de)	киндик	kindik
billen (mv.)	думбалар	dumbalar
achterwerk (het)	орқа	orqa
huidvlek (de)	хол	xol
moedervlek (de)	қашқа хол	qashqa xol
tatoeage (de)	татуировка	tatuirovka
litteken (het)	чандиқ	chandiq

Kleding en accessoires

26. Bovenkleding. Jassen

kleren (mv.), kleding (de)	кийим	kiyim
bovenkleding (de)	устки кийим	ustki kiyim
winterkleding (de)	қишки кийим	qishki kiyim
jas (de)	палто	palto
bontjas (de)	пўстин	po'stin
bontjasje (het)	калта пўстин	kalta po'stin
donzen jas (de)	пуховик	puxovik
jasje (bijv. een leren ~)	куртка	kurtka
regenjas (de)	плашч	plashch
waterdicht (bn)	сув ўтказмайдиган	suv o'tkazmaydigan

27. Heren & dames kleding

overhemd (het)	кўйлак	ko'ylak
broek (de)	шим	shim
jeans (de)	жинси	jinsi
colbert (de)	пиджак	pidjak
kostuum (het)	костюм	kostyum
jurk (de)	аёллар кўйлаги	ayollar ko'ylagi
rok (de)	юбка	yubka
blouse (de)	блузка	bluzka
wollen vest (de)	жун кофта	jun kofta
blazer (kort jasje)	жакет	jaket
T-shirt (het)	футболка	futbolka
shorts (mv.)	шорти	shorti
trainingspak (het)	спорт костюми	sport kostyumi
badjas (de)	халат	xalat
pyjama (de)	пижама	pijama
sweater (de)	свитер	sviter
pullover (de)	пуловер	pulover
gilet (het)	жилет	jilet
rokkostuum (het)	фрак	frak
smoking (de)	смокинг	smoking
uniform (het)	форма	forma
werkkleding (de)	жомакор	jomakor
overall (de)	комбинезон	kombinezon
doktersjas (de)	халат	xalat

28. Kleding. Ondergoed

ondergoed (het)	ич кийим	ich kiyim
onderhemd (het)	майка	mayka
sokken (mv.)	пайпоқ	paypoq
nachthemd (het)	тунги кўйлак	tungi ko'ylak
beha (de)	бюстгалтер	byustgalter
kniekousen (mv.)	голфи	golfi
panty (de)	колготки	kolgotki
nylonkousen (mv.)	пайпоқ	paypoq
badpak (het)	купалник	kupalnik

29. Hoofddeksels

hoed (de)	қалпоқ	qalpoq
deukhoed (de)	шляпа	shlyapa
honkbalpet (de)	бейсболка	beysbolka
kleppet (de)	кепка	kepka
baret (de)	берет	beret
kap (de)	капюшон	kapyushon
panamahoed (de)	панамка	panamka
gebreide muts (de)	тўқилган шапка	to'qilgan shapka
hoofddoek (de)	рўмол	ro'mol
dameshoed (de)	қалпоқча	qalpoqcha
veiligheidshelm (de)	каска	kaska
veldmuts (de)	пилотка	pilotka
helm, valhelm (de)	шлем	shlem
bolhoed (de)	котелок	kotelok
hoge hoed (de)	силиндр	silindr

30. Schoeisel

schoeisel (het)	пояфзал	poyafzal
schoenen (mv.)	ботинка	botinka
vrouwenschoenen (mv.)	туфли	tufli
laarzen (mv.)	етик	etik
pantoffels (mv.)	шиппак	shippak
sportschoenen (mv.)	кроссовка	krossovka
sneakers (mv.)	кеда	keda
sandalen (mv.)	сандал шиппак	sandal shippak
schoenlapper (de)	етикдўз	etikdo'z
hiel (de)	пошна	poshna
paar (een ~ schoenen)	жуфт	juft
veter (de)	чизимча	chizimcha

rijgen (schoenen ~)	боғлаш	bog'lash
schoenlepel (de)	қошиқ	qoshiq
schoensmeer (de/het)	пояфзал мойи	poyafzal moyi

31. Persoonlijke accessoires

handschoenen (mv.)	қўлқоплар	qo'lqoplar
wanten (mv.)	бошмалдоқли қўлқоплар	boshmaldoqli qo'lqoplar
sjaal (fleece ~)	бўйинбоғ	bo'yinbog'
bril (de)	кўзойнак	ko'zoynak
brilmontuur (het)	гардиш	gardish
paraplu (de)	соябон	soyabon
wandelstok (de)	хасса	xassa
haarborstel (de)	тароқ	taroq
waaier (de)	елпиғич	elpig'ich
das (de)	галстук	galstuk
strikje (het)	галстук-бабочка	galstuk-babochka
bretels (mv.)	подтяжки	podtyajki
zakdoek (de)	дастрўмол	dastro'mol
kam (de)	тароқ	taroq
haarspeldje (het)	соч тўғнағичи	soch to'g'nag'ichi
schuifspeldje (het)	шпилка	shpilka
gesp (de)	камар тўқаси	kamar to'qasi
broekriem (de)	камар	kamar
draagriem (de)	тасма	tasma
handtas (de)	сумка	sumka
damestas (de)	сумкача	sumkacha
rugzak (de)	рюкзак	ryukzak

32. Kleding. Diversen

mode (de)	мода	moda
de mode (bn)	модали	modali
kledingstilist (de)	моделер	modeler
kraag (de)	ёқа	yoqa
zak (de)	чўнтак	cho'ntak
zak- (abn)	чўнтак	cho'ntak
mouw (de)	енг	eng
lusje (het)	илгак	ilgak
gulp (de)	йирмоч	yirmoch
rits (de)	молния	molniya
sluiting (de)	кийим илгаги	kiyim ilgagi
knoop (de)	тугма	tugma
knoopsgat (het)	илгак	ilgak
losraken (bijv. knopen)	узилмоқ	uzilmoq

naaien (kleren, enz.)	тикиш	tikish
borduren (ww)	кашта тикиш	kashta tikish
borduursel (het)	кашта	kashta
naald (de)	игна	igna
draad (de)	ип	ip
naad (de)	чок	chok
vies worden (ww)	ифлосланмоқ	ifloslanmoq
vlek (de)	доғ	dog'
gekreukt raken (ov. kleren)	ғижимланиш	g'ijimlanish
scheuren (ov.ww.)	йиртмоқ	yirtmoq
mot (de)	куя	kuya

33. Persoonlijke verzorging. Schoonheidsmiddelen

tandpasta (de)	тиш пастаси	tish pastasi
tandenborstel (de)	тиш чўткаси	tish cho'tkasi
tanden poetsen (ww)	тиш тозаламоқ	tish tozalamoq
scheermes (het)	устара	ustara
scheerschuim (het)	соқол олиш креми	soqol olish kremi
zich scheren (ww)	соқол олмоқ	soqol olmoq
zeep (de)	совун	sovun
shampoo (de)	шампун	shampun
schaar (de)	қайчи	qaychi
nagelvijl (de)	тирноқ еғови	tirnoq egovi
nagelknipper (de)	тирноқ омбири	tirnoq ombiri
pincet (het)	пинцет	pintset
cosmetica (de)	косметика	kosmetika
masker (het)	ниқоб	niqob
manicure (de)	маникюр	manikyur
manicure doen	маникюрлаш	manikyurlash
pedicure (de)	педикюр	pedikyur
cosmetica tasje (het)	косметичка	kosmetichka
poeder (de/het)	упа	upa
poederdoos (de)	упадон	upadon
rouge (de)	қизил ёғупа	qizil yog'upa
parfum (de/het)	атир	atir
eau de toilet (de)	атир	atir
lotion (de)	лосон	loson
eau de cologne (de)	атир	atir
oogschaduw (de)	кўз бўёғи	ko'z bo'yog'i
oogpotlood (het)	кўз қалами	ko'z qalami
mascara (de)	киприк бўёғи	kiprik bo'yog'i
lippenstift (de)	лаб помадаси	lab pomadasi
nagellak (de)	тирноқ учун лок	tirnoq uchun lok
haarlak (de)	соч учун лок	soch uchun lok

deodorant (de)	дезодорант	dezodorant
crème (de)	крем	krem
gezichtscrème (de)	юз учун крем	yuz uchun krem
handcrème (de)	қўл учун крем	qo'l uchun krem
antirimpelcrème (de)	ажинга қарши крем	ajinga qarshi krem
dag- (abn)	кундузги	kunduzgi
nacht- (abn)	тунги	tungi
tampon (de)	тампон	tampon
toiletpapier (het)	туалет қоғози	tualet qog'ozi
föhn (de)	фен	fen

34. Horloges. Klokken

polshorloge (het)	соат	soat
wijzerplaat (de)	сиферблат	siferblat
wijzer (de)	мил, стрелка	mil, strelka
metalen horlogeband (de)	браслет	braslet
horlogebandje (het)	тасмача	tasmacha
batterij (de)	батарейка	batareyka
leeg zijn (ww)	ўтириб қолмоқ	o'tirib qolmoq
batterij vervangen	батарейка алмаштирмоқ	batareyka almashtirmoq
voorlopen (ww)	шошмоқ	shoshmoq
achterlopen (ww)	кечикмоқ	kechikmoq
wandklok (de)	девор соати	devor soati
zandloper (de)	қум соати	qum soati
zonnewijzer (de)	қуёш соати	quyosh soati
wekker (de)	будилник	budilnik
horlogemaker (de)	соатсоз	soatsoz
repareren (ww)	таъмирламоқ	ta'mirlamoq

Voedsel. Voeding

35. Voedsel

vlees (het)	гўшт	go'sht
kip (de)	товуқ	tovuq
kuiken (het)	жўжа	jo'ja
eend (de)	ўрдак	o'rdak
gans (de)	ғоз	g'oz
wild (het)	илвасин	ilvasin
kalkoen (de)	курка	kurka
varkensvlees (het)	чўчқа гўшти	cho'chqa go'shti
kalfsvlees (het)	бузоқ гўшти	buzoq go'shti
schapenvlees (het)	қўй гўшти	qo'y go'shti
rundvlees (het)	мол гўшти	mol go'shti
konijnenvlees (het)	қуён	quyon
worst (de)	колбаса	kolbasa
saucijs (de)	сосиска	sosiska
spek (het)	бекон	bekon
ham (de)	ветчина	vetchina
gerookte achterham (de)	сон гўшти	son go'shti
paté, pastei (de)	паштет	pashtet
lever (de)	жигар	jigar
gehakt (het)	қийма	qiyma
tong (de)	тил	til
ei (het)	тухум	tuxum
eieren (mv.)	тухумлар	tuxumlar
eiwit (het)	тухумни оқи	tuxumni oqi
eigeel (het)	тухумни сариғи	tuxumni sarig'i
vis (de)	балиқ	baliq
zeevruchten (mv.)	денгиз маҳсулоти	dengiz mahsuloti
schaaldieren (mv.)	қисқичбақасимонлар	qisqichbaqasimonlar
kaviaar (de)	увилдириқ	uvildiriq
krab (de)	қисқичбақа	qisqichbaqa
garnaal (de)	креветка	krevetka
oester (de)	устрица	ustritsa
langoest (de)	лангуст	langust
octopus (de)	саккизоёқ	sakkizoyoq
inktvis (de)	калмар	kalmar
steur (de)	осётр гўшти	osyotr go'shti
zalm (de)	лосос	losos
heilbot (de)	палтус	paltus
kabeljauw (de)	треска	treska

makreel (de)	скумбрия	skumbriya
tonijn (de)	тунец	tunets
paling (de)	илонбалиқ	ilonbaliq
forel (de)	форел	forel
sardine (de)	сардина	sardina
snoek (de)	чўртанбалиқ	cho'rtanbaliq
haring (de)	селд	seld
brood (het)	нон	non
kaas (de)	пишлоқ	pishloq
suiker (de)	қанд	qand
zout (het)	туз	tuz
rijst (de)	гуруч	guruch
pasta (de)	макарон	makaron
noedels (mv.)	угра	ugra
boter (de)	сариёғ	sariyog'
plantaardige olie (de)	ўсимлик ёғи	o'simlik yog'i
zonnebloemolie (de)	кунгабоқар ёғи	kungaboqar yog'i
margarine (de)	маргарин	margarin
olijven (mv.)	зайтун	zaytun
olijfolie (de)	зайтун ёғи	zaytun yog'i
melk (de)	сут	sut
gecondenseerde melk (de)	қуйилтирилган сут	quyiltirilgan sut
yoghurt (de)	ёгурт	yogurt
zure room (de)	сметана	smetana
room (de)	қаймоқ	qaymoq
mayonaise (de)	маёнез	mayonez
crème (de)	крем	krem
graan (het)	ёрма	yorma
meel (het), bloem (de)	ун	un
conserven (mv.)	консерва	konserva
maïsvlokken (mv.)	маккажўхори бодроқ	makkajo'xori bodroq
honing (de)	асал	asal
jam (de)	жем	jem
kauwgom (de)	чайналадиган резинка	chaynaladigan rezinka

36. Drankjes

water (het)	сув	suv
drinkwater (het)	ичимлик сув	ichimlik suv
mineraalwater (het)	минерал сув	mineral suv
zonder gas	газсиз	gazsiz
koolzuurhoudend (bn)	газланган	gazlangan
bruisend (bn)	газли	gazli
IJs (het)	муз	muz

met ijs	музли	muzli
alcohol vrij (bn)	алкоголсиз	alkogolsiz
alcohol vrije drank (de)	алкоголсиз ичимлик	alkogolsiz ichimlik
frisdrank (de)	салқин ичимлик	salqin ichimlik
limonade (de)	лимонад	limonad
alcoholische dranken (mv.)	спиртли ичимликлар	spirtli ichimliklar
wijn (de)	вино	vino
witte wijn (de)	оқ вино	oq vino
rode wijn (de)	қизил вино	qizil vino
likeur (de)	ликёр	likyor
champagne (de)	шампан виноси	shampan vinosi
vermout (de)	вермут	vermut
whisky (de)	виски	viski
wodka (de)	ароқ	aroq
gin (de)	джин	djin
cognac (de)	коняк	konyak
rum (de)	ром	rom
koffie (de)	кофе	kofe
zwarte koffie (de)	қора кофе	qora kofe
koffie (de) met melk	сутли кофе	sutli kofe
cappuccino (de)	қаймоқли кофе	qaymoqli kofe
oploskoffie (de)	ерийдиган кофе	eriydigan kofe
melk (de)	сут	sut
cocktail (de)	коктейл	kokteyl
milkshake (de)	сутли коктейл	sutli kokteyl
sap (het)	шарбат	sharbat
tomatensap (het)	томат шарбати	tomat sharbati
sinaasappelsap (het)	апелсин шарбати	apelsin sharbati
vers geperst sap (het)	янги сиқилган шарбат	yangi siqilgan sharbat
bier (het)	пиво	pivo
licht bier (het)	оч ранг пиво	och rang pivo
donker bier (het)	тўқ ранг пиво	to'q rang pivo
thee (de)	чой	choy
zwarte thee (de)	қора чой	qora choy
groene thee (de)	кўк чой	ko'k choy

37. Groenten

groenten (mv.)	сабзавотлар	sabzavotlar
verse kruiden (mv.)	кўкат	ko'kat
tomaat (de)	помидор	pomidor
augurk (de)	бодринг	bodring
wortel (de)	сабзи	sabzi
aardappel (de)	картошка	kartoshka
ui (de)	пиёз	piyoz

knoflook (de)	саримсоқ	sarimsoq
kool (de)	карам	karam
bloemkool (de)	гулкарам	gulkaram
spruitkool (de)	брюссел карами	bryussel karami
broccoli (de)	брокколи карами	brokkoli karami
rode biet (de)	лавлаги	lavlagi
aubergine (de)	бақлажон	baqlajon
courgette (de)	қовоқча	qovoqcha
pompoen (de)	ошқовоқ	oshqovoq
raap (de)	шолғом	sholg'om
peterselie (de)	петрушка	petrushka
dille (de)	укроп	ukrop
sla (de)	салат	salat
selderij (de)	селдерей	selderey
asperge (de)	сарсабил	sarsabil
spinazie (de)	исмалоқ	ismaloq
erwt (de)	нўхат	no'xat
bonen (mv.)	дуккакли ўсимликлар	dukkakli o'simliklar
maïs (de)	маккажўхори	makkajo'xori
boon (de)	ловия	loviya
peper (de)	қалампир	qalampir
radijs (de)	редиска	rediska
artisjok (de)	артишок	artishok

38. Vruchten. Noten

vrucht (de)	мева	meva
appel (de)	олма	olma
peer (de)	нок	nok
citroen (de)	лимон	limon
sinaasappel (de)	апелсин	apelsin
aardbei (de)	қулупнай	qulupnay
mandarijn (de)	мандарин	mandarin
pruim (de)	олхўри	olxo'ri
perzik (de)	шафтоли	shaftoli
abrikoos (de)	ўрик	o'rik
framboos (de)	малина	malina
ananas (de)	ананас	ananas
banaan (de)	банан	banan
watermeloen (de)	тарвуз	tarvuz
druif (de)	узум	uzum
zure kers (de)	олча	olcha
zoete kers (de)	гилос	gilos
meloen (de)	қовун	qovun
grapefruit (de)	грейпфрут	greypfrut
avocado (de)	авокадо	avokado
papaja (de)	папайя	papayya

mango (de)	манго	mango
granaatappel (de)	анор	anor
rode bes (de)	қизил смородина	qizil smorodina
zwarte bes (de)	қора смородина	qora smorodina
kruisbes (de)	крижовник	krijovnik
bosbes (de)	черника	chernika
braambes (de)	маймунжон	maymunjon
rozijn (de)	майиз	mayiz
vijg (de)	анжир	anjir
dadel (de)	хурмо	xurmo
pinda (de)	ерёнғоқ	eryong'oq
amandel (de)	бодом	bodom
walnoot (de)	ёнғоқ	yong'oq
hazelnoot (de)	ўрмон ёнғоғи	o'rmon yong'og'i
kokosnoot (de)	кокос ёнғоғи	kokos yong'og'i
pistaches (mv.)	писта	pista

39. Brood. Snoep

suikerbakkerij (de)	қандолат маҳсулотлари	qandolat mahsulotlari
brood (het)	нон	non
koekje (het)	печене	pechene
chocolade (de)	шоколад	shokolad
chocolade- (abn)	шоколадли	shokoladli
snoepje (het)	конфет	konfet
cakeje (het)	пирожное	pirojnoe
taart (bijv. verjaardags~)	торт	tort
pastei (de)	пирог	pirog
vulling (de)	начинка	nachinka
confituur (de)	мураббо	murabbo
marmelade (de)	мармелад	marmelad
wafel (de)	вафли	vafli
IJsje (het)	музқаймоқ	muzqaymoq
pudding (de)	пудинг	puding

40. Bereide gerechten

gerecht (het)	таом	taom
keuken (bijv. Franse ~)	ошхона	oshxona
recept (het)	рецепт	retsept
portie (de)	порция	portsiya
salade (de)	салат	salat
soep (de)	шўрва	sho'rva
bouillon (de)	қуруқ қайнатма шўрва	quruq qaynatma sho'rva
boterham (de)	бутерброд	buterbrod

spiegelei (het)	тухум куймоқ	tuxum quymoq
hamburger (de)	гамбургер	gamburger
biefstuk (de)	бифштекс	bifshteks
garnering (de)	гарнир	garnir
spaghetti (de)	спагетти	spagetti
aardappelpuree (de)	картошка пюреси	kartoshka pyuresi
pizza (de)	пицца	pitstsa
pap (de)	бўтқа	bo'tqa
omelet (de)	куймоқ	quymoq
gekookt (in water)	пиширилган	pishirilgan
gerookt (bn)	дудланган	dudlangan
gebakken (bn)	қовурилган	qovurilgan
gedroogd (bn)	куритилган	quritilgan
diepvries (bn)	музлатилган	muzlatilgan
gemarineerd (bn)	маринадланган	marinadlangan
zoet (bn)	ширин	shirin
gezouten (bn)	тузланган	tuzlangan
koud (bn)	совуқ	sovuq
heet (bn)	иссиқ	issiq
bitter (bn)	аччиқ	achchiq
lekker (bn)	мазали	mazali
koken (in kokend water)	пиширмоқ	pishirmoq
bereiden (avondmaaltijd ~)	тайёрламоқ	tayyorlamoq
bakken (ww)	қовурмоқ	qovurmoq
opwarmen (ww)	иситмоқ	isitmoq
zouten (ww)	тузламоқ	tuzlamoq
peperen (ww)	мурч сепмоқ	murch sepmoq
raspen (ww)	қирғичда қирмоқ	qirg'ichda qirmoq
schil (de)	пўст	po'st
schillen (ww)	тозаламоқ	tozalamoq

41. Kruiden

zout (het)	туз	tuz
gezouten (bn)	тузли	tuzli
zouten (ww)	тузламоқ	tuzlamoq
zwarte peper (de)	қора мурч	qora murch
rode peper (de)	қизил қалампир	qizil qalampir
mosterd (de)	горчица	gorchitsa
mierikswortel (de)	хрен	xren
condiment (het)	зиравор	ziravor
specerij , kruiderij (de)	доривор	dorivor
saus (de)	қайла	qayla
azijn (de)	сирка	sirka
anijs (de)	анис	anis
basilicum (de)	райҳон	rayhon

kruidnagel (de)	қалампирмунчоқ	qalampirmunchoq
gember (de)	занжабил	zanjabil
koriander (de)	кашнич	kashnich
kaneel (de/het)	долчин	dolchin
sesamzaad (het)	кунжут	kunjut
laurierblad (het)	лавр япроғи	lavr yaprog'i
paprika (de)	гармдори	garmdori
komijn (de)	зира	zira
saffraan (de)	заъфарон	za'faron

42. Maaltijden

eten (het)	таом	taom
eten (ww)	йемоқ	yemoq
ontbijt (het)	нонушта	nonushta
ontbijten (ww)	нонушта қилмоқ	nonushta qilmoq
lunch (de)	тушлик	tushlik
lunchen (ww)	тушлик қилмоқ	tushlik qilmoq
avondeten (het)	кечки овқат	kechki ovqat
souperen (ww)	кечки овқатни емоқ	kechki ovqatni emoq
eetlust (de)	иштаҳа	ishtaha
Eet smakelijk!	Ёқимли иштаҳа!	Yoqimli ishtaha!
openen (een fles ~)	очмоқ	ochmoq
morsen (koffie, enz.)	тўкмоқ	to'kmoq
zijn gemorst	тўкилмоқ	to'kilmoq
koken (water kookt bij 100°C)	қайнамоқ	qaynamoq
koken (Hoe om water te ~)	қайнатмоқ	qaynatmoq
gekookt (~ water)	қайнатилган	qaynatilgan
afkoelen (koeler maken)	совутмоқ	sovutmoq
afkoelen (koeler worden)	совутилмоқ	sovutilmoq
smaak (de)	таъм	ta'm
nasmaak (de)	қўшимча таъм	qo'shimcha ta'm
volgen een dieet	озмоқ	ozmoq
dieet (het)	парҳез	parhez
vitamine (de)	витамин	vitamin
calorie (de)	калория	kaloriya
vegetariër (de)	вегетариан	vegetarian
vegetarisch (bn)	вегетарианча	vegetariancha
vetten (mv.)	ёғлар	yog'lar
eiwitten (mv.)	оқсиллар	oqsillar
koolhydraten (mv.)	углеводлар	uglevodlar
snede (de)	тилимча	tilimcha
stuk (bijv. een ~ taart)	бўлак	bo'lak
kruimel (de)	урвоқ	urvoq

43. Tafelschikking

lepel (de)	қошиқ	qoshiq
mes (het)	пичоқ	pichoq
vork (de)	санчқи	sanchqi
kopje (het)	косача	kosacha
bord (het)	тарелка	tarelka
schoteltje (het)	ликопча	likopcha
servet (het)	қўл сочиқ	qo'l sochiq
tandenstoker (de)	тиш кавлагич	tish kavlagich

44. Restaurant

restaurant (het)	ресторан	restoran
koffiehuis (het)	кофехона	kofexona
bar (de)	бар	bar
tearoom (de)	чой салони	choy saloni
kelner, ober (de)	официант	ofitsiant
serveerster (de)	официантка	ofitsiantka
barman (de)	бармен	barmen
menu (het)	таомнома	taomnoma
wijnkaart (de)	винолар рўйхати	vinolar ro'yxati
een tafel reserveren	столни банд қилмоқ	stolni band qilmoq
gerecht (het)	таом	taom
bestellen (eten ~)	буюртма қилмоқ	buyurtma qilmoq
een bestelling maken	буюртма бермоқ	buyurtma bermoq
aperitief (de/het)	аперитив	aperitiv
voorgerecht (het)	газак	gazak
dessert (het)	десерт	desert
rekening (de)	ҳисоб	hisob
de rekening betalen	ҳисоб бўйича тўламоқ	hisob bo'yicha to'lamoq
wisselgeld teruggeven	қайтим бермоқ	qaytim bermoq
fooi (de)	чойчақа	choychaqa

Familie, verwanten en vrienden

45. Persoonlijke informatie. Formulieren

naam (de)	исм	ism
achternaam (de)	фамилия	familiya
geboortedatum (de)	туғилган сана	tug'ilgan sana
geboorteplaats (de)	туғилган жойи	tug'ilgan joyi
nationaliteit (de)	миллати	millati
woonplaats (de)	турар жойи	turar joyi
land (het)	мамлакат	mamlakat
beroep (het)	касб	kasb
geslacht (ov. het vrouwelijk ~)	жинс	jins
lengte (de)	бўй	bo'y
gewicht (het)	вазн	vazn

46. Familieleden. Verwanten

moeder (de)	она	ona
vader (de)	ота	ota
zoon (de)	ўғли	o'g'li
dochter (de)	қиз	qiz
jongste dochter (de)	кичик қиз	kichik qiz
jongste zoon (de)	кичик ўғил	kichik o'g'il
oudste dochter (de)	катта қизи	katta qizi
oudste zoon (de)	катта ўғли	katta o'g'li
neef (zoon van oom, tante)	амакивачча, холавачча	amakivachcha, xolavachcha
nicht (dochter van oom, tante)	амакивачча, холавачча	amakivachcha, xolavachcha
mama (de)	ойи	oyi
papa (de)	дада	dada
ouders (mv.)	ота-она	ota-ona
kind (het)	бола	bola
kinderen (mv.)	болалар	bolalar
oma (de)	буви	buvi
opa (de)	бобо	bobo
kleinzoon (de)	невара	nevara
kleindochter (de)	набира	nabira
kleinkinderen (mv.)	неваралар	nevaralar
oom (de)	амаки	amaki
tante (de)	хола	xola
neef (zoon van broer, zus)	жиян	jiyan

nicht (dochter van broer ,zus)	жиян	jiyan
schoonmoeder (de)	қайнона	qaynona
schoonvader (de)	қайнота	qaynota
schoonzoon (de)	куёв	kuyov
stiefmoeder (de)	ўгай она	o'gay ona
stiefvader (de)	ўгай ота	o'gay ota
zuigeling (de)	гўдак	go'dak
wiegenkind (het)	чақалоқ	chaqaloq
kleuter (de)	кичкинтой	kichkintoy
vrouw (de)	хотин	xotin
man (de)	ер	er
echtgenoot (de)	рафиқ	rafiq
echtgenote (de)	рафиқа	rafiqa
gehuwd (mann.)	уйланган	uylangan
gehuwd (vrouw.)	турмушга чиққан	turmushga chiqqan
ongehuwd (mann.)	бўйдоқ	bo'ydoq
vrijgezel (de)	бўйдоқ	bo'ydoq
gescheiden (bn)	ажрашган	ajrashgan
weduwe (de)	бева аёл	beva ayol
weduwnaar (de)	бева еркак	beva erkak
familielid (het)	қариндош	qarindosh
dichte familielid (het)	яқин қариндош	yaqin qarindosh
verre familielid (het)	узоқ қариндош	uzoq qarindosh
familieleden (mv.)	қариндошлар	qarindoshlar
wees (de), weeskind (het)	йетим	yetim
voogd (de)	васий	vasiy
adopteren (een jongen te ~)	ўғил қилиб олиш	o'g'il qilib olish
adopteren (een meisje te ~)	қиз қилиб олиш	qiz qilib olish

Geneeskunde

47. Ziekten

ziekte (de)	касаллик	kasallik
ziek zijn (ww)	касал бўлмоқ	kasal bo'lmoq
gezondheid (de)	саломатлик	salomatlik
snotneus (de)	тумов	tumov
angina (de)	ангина	angina
verkoudheid (de)	шамоллаш	shamollash
verkouden raken (ww)	шамолламоқ	shamollamoq
bronchitis (de)	бронхит	bronxit
longontsteking (de)	ўпка яллигланиши	o'pka yalliglanishi
griep (de)	грипп	gripp
bijziend (bn)	узоқни кўролмайдиган	uzoqni ko'rolmaydigan
verziend (bn)	узоқни кўрувчи	uzoqni ko'ruvchi
scheelheid (de)	ғилайлик	g'ilaylik
scheel (bn)	ғилай	g'ilay
grauwe staar (de)	катаракта	katarakta
glaucoom (het)	глаукома	glaukoma
beroerte (de)	инсулт	insult
hartinfarct (het)	инфаркт	infarkt
myocardiaal infarct (het)	миоакард инфаркти	mioakard infarkti
verlamming (de)	фалажлик	falajlik
verlammen (ww)	фалажламоқ	falajlamoq
allergie (de)	аллергия	allergiya
astma (de/het)	астма	astma
diabetes (de)	диабет	diabet
tandpijn (de)	тиш оғриғи	tish og'rig'i
tandbederf (het)	кариес	karies
diarree (de)	диарея	diareya
constipatie (de)	қабзият	qabziyat
maagstoornis (de)	меъда бузилиши	me'da buzilishi
voedselvergiftiging (de)	заҳарланиш	zaharlanish
voedselvergiftiging oplopen	заҳарланмоқ	zaharlanmoq
artritis (de)	артрит	artrit
rachitis (de)	рахит	raxit
reuma (het)	бод	bod
arteriosclerose (de)	атеросклероз	ateroskleroz
gastritis (de)	гастрит	gastrit
blindedarmontsteking (de)	аппендецин	appendetsin

galblaasontsteking (de)	холецистит	xoletsistit
zweer (de)	ошқозон яраси	oshqozon yarasi
mazelen (mv.)	қизамиқ	qizamiq
rodehond (de)	қизилча	qizilcha
geelzucht (de)	сариқ касали	sariq kasali
leverontsteking (de)	гепатит	gepatit
schizofrenie (de)	шизофрения	shizofreniya
dolheid (de)	қутуриш	quturish
neurose (de)	невроз	nevroz
hersenschudding (de)	миянинг чайқалиши	miyaning chayqalishi
kanker (de)	саратон	saraton
sclerose (de)	склероз	skleroz
multiple sclerose (de)	паришонхотир склероз	parishonxotir skleroz
alcoholisme (het)	алкоголизм	alkogolizm
alcoholicus (de)	алкоголик	alkogolik
syfilis (de)	сифилис	sifilis
AIDS (de)	ОИТС	OITS
tumor (de)	ўсма	o'sma
koorts (de)	иситмали қалтироқ	isitmali qaltiroq
malaria (de)	безгак	bezgak
gangreen (het)	қорасон	qorason
zeeziekte (de)	денгиз касали	dengiz kasali
epilepsie (de)	тутқаноқ	tutqanoq
epidemie (de)	епидемия	epidemiya
tyfus (de)	терлама	terlama
tuberculose (de)	сил	sil
cholera (de)	вабо	vabo
pest (de)	ўлат	o'lat

48. Symptomen. Behandelingen. Deel 1

symptoom (het)	симптом	simptom
temperatuur (de)	ҳарорат	harorat
verhoogde temperatuur (de)	юқори ҳарорат	yuqori harorat
polsslag (de)	пулс	puls
duizeling (de)	бош айланиши	bosh aylanishi
heet (erg warm)	иссиқ	issiq
koude rillingen (mv.)	қалтироқ	qaltiroq
bleek (bn)	рангпар	rangpar
hoest (de)	йўтал	yo'tal
hoesten (ww)	йўталмоқ	yo'talmoq
niezen (ww)	аксирмоқ	aksirmoq
flauwte (de)	беҳушлик	behushlik
flauwvallen (ww)	ҳушидан кетиб қолмоқ	hushidan ketib qolmoq
blauwe plek (de)	мўматалоқ	mo'mataloq
buil (de)	ғурра	g'urra

zich stoten (ww)	урилмоқ	urilmoq
kneuzing (de)	урилган жой	urilgan joy
kneuzen (gekneusd zijn)	уриб олмоқ	urib olmoq
hinken (ww)	чўлоқланиш	cho'loqlanish
verstuiking (de)	чиқиқ	chiqiq
verstuiken (enkel, enz.)	чиқармоқ	chiqarmoq
breuk (de)	синдириш	sindirish
een breuk oplopen	синдириб олмоқ	sindirib olmoq
snijwond (de)	кесилган жой	kesilgan joy
zich snijden (ww)	кесиб олиш	kesib olish
bloeding (de)	қон кетиш	qon ketish
brandwond (de)	куйиш	kuyish
zich branden (ww)	куймоқ	kuymoq
prikken (ww)	санчмоқ	sanchmoq
zich prikken (ww)	санчиб олмоқ	sanchib olmoq
blesseren (ww)	яраламоқ	yaralamoq
blessure (letsel)	жароҳат	jarohat
wond (de)	яра	yara
trauma (het)	жароҳатланиш	jarohatlanish
IJlen (ww)	алаҳламоқ	alahlamoq
stotteren (ww)	дудуқланмоқ	duduqlanmoq
zonnesteek (de)	қуёш уриши	quyosh urishi

49. Symptomen. Behandelingen. Deel 2

pijn (de)	оғриқ	og'riq
splinter (de)	зирапча	zirapcha
zweet (het)	тер	ter
zweten (ww)	терламоқ	terlamoq
braking (de)	қайт қилиш	qayt qilish
stuiptrekkingen (mv.)	томир тортишиш	tomir tortishish
zwanger (bn)	ҳомиладор	homilador
geboren worden (ww)	туғилмоқ	tug'ilmoq
geboorte (de)	туғиш	tug'ish
baren (ww)	туғмоқ	tug'moq
abortus (de)	аборт	abort
ademhaling (de)	нафас	nafas
inademing (de)	нафас олиш	nafas olish
uitademing (de)	нафас чиқариш	nafas chiqarish
uitademen (ww)	нафас чиқармоқ	nafas chiqarmoq
inademen (ww)	нафас олмоқ	nafas olmoq
invalide (de)	ногирон	nogiron
gehandicapte (de)	мажруҳ	majruh
drugsverslaafde (de)	гиёҳванд	giyohvand
doof (bn)	кар	kar

stom (bn)	соқов	soqov
doofstom (bn)	кар-соқов	kar-soqov
krankzinnig (bn)	жинни	jinni
krankzinnige (man)	жинни эркак	jinni erkak
krankzinnige (vrouw)	жинни аёл	jinni ayol
krankzinnig worden	ақлдан озиш	aqldan ozish
gen (het)	ген	gen
immuniteit (de)	иммунитет	immunitet
erfelijk (bn)	ирсий	irsiy
aangeboren (bn)	туғма	tug'ma
virus (het)	вирус	virus
microbe (de)	микроб	mikrob
bacterie (de)	бактерия	bakteriya
infectie (de)	инфекция	infektsiya

50. Symptomen. Behandelingen. Deel 3

ziekenhuis (het)	касалхона	kasalxona
patiënt (de)	даволанувчи	davolanuvchi
diagnose (de)	ташхис	tashxis
genezing (de)	даволаниш	davolanish
medische behandeling (de)	даволаш	davolash
onder behandeling zijn	даволанмоқ	davolanmoq
behandelen (ww)	даволамоқ	davolamoq
zorgen (zieken ~)	қарамоқ	qaramoq
ziekenzorg (de)	муолажа	muolaja
operatie (de)	операция	operatsiya
verbinden (een arm ~)	ярани боғламоқ	yarani bog'lamoq
verband (het)	ярани боғлаш	yarani bog'lash
vaccin (het)	емлаш	emlash
inenten (vaccineren)	емламоқ	emlamoq
injectie (de)	укол	ukol
een injectie geven	укол қилмоқ	ukol qilmoq
amputatie (de)	кесиб ташлаш	kesib tashlash
amputeren (ww)	кесиб ташламоқ	kesib tashlamoq
coma (het)	кома	koma
in coma liggen	кома ҳолатида бўлмоқ	koma holatida bo'lmoq
intensieve zorg, ICU (de)	реанимация	reanimatsiya
zich herstellen (ww)	соғайиш	sog'ayish
toestand (de)	аҳвол	ahvol
bewustzijn (het)	ҳуш	hush
geheugen (het)	хотира	xotira
trekken (een kies ~)	суғурмоқ	sug'urmoq
vulling (de)	пломба	plomba
vullen (ww)	пломбаламоқ	plombalamoq

hypnose (de)	гипноз	gipnoz
hypnotiseren (ww)	гипноз қилмоқ	gipnoz qilmoq

51. Artsen

dokter, arts (de)	шифокор	shifokor
ziekenzuster (de)	тиббий ҳамшира	tibbiy hamshira
lijfarts (de)	шахсий шифокор	shaxsiy shifokor
tandarts (de)	тиш шифокори	tish shifokori
oogarts (de)	кўз шифокори	ko'z shifokori
therapeut (de)	терапевт	terapevt
chirurg (de)	жарроҳ	jarroh
psychiater (de)	психиатр	psixiatr
pediater (de)	педиатр	pediatr
psycholoog (de)	психолог	psixolog
gynaecoloog (de)	гинеколог	ginekolog
cardioloog (de)	кардиолог	kardiolog

52. Geneeskunde. Medicijnen. Accessoires

geneesmiddel (het)	дори-дармон	dori-darmon
middel (het)	даволаш воситалари	davolash vositalari
voorschrijven (ww)	ёзиб бермоқ	yozib bermoq
recept (het)	рецепт	retsept
tablet (de/het)	таблетка дори	tabletka dori
zalf (de)	малҳам дори	malham dori
ampul (de)	ампула	ampula
drank (de)	суюқ дори	suyuq dori
siroop (de)	қиём	qiyom
pil (de)	ҳапдори	hapdori
poeder (de/het)	кукун дори	kukun dori
verband (het)	бинт	bint
watten (mv.)	пахта	paxta
jodium (het)	ёд	yod
pleister (de)	пластир	plastir
pipet (de)	доритомизгич	doritomizgich
thermometer (de)	тиббий термометр	tibbiy termometr
spuit (de)	шприц	shprits
rolstoel (de)	аравача	aravacha
krukken (mv.)	қўлтиқтаёқ	qo'ltiqtayoq
pijnstiller (de)	оғриқсизлантирувчи	og'riqsizlantiruvchi
laxeermiddel (het)	сурги дори	surgi dori
spiritus (de)	спирт	spirt
medicinale kruiden (mv.)	доривор ўт	dorivor o't
kruiden- (abn)	ўтли	o'tli

HET MENSELIJKE LEEFGEBIED

Stad

53. Stad. Het leven in de stad

stad (de)	шаҳар	shahar
hoofdstad (de)	пойтахт	poytaxt
dorp (het)	қишлоқ	qishloq
plattegrond (de)	шаҳар чизмаси	shahar chizmasi
centrum (ov. een stad)	шаҳар маркази	shahar markazi
voorstad (de)	шаҳарга туташ ҳудуд	shaharga tutash hudud
voorstads- (abn)	шаҳар атрофидаги	shahar atrofidagi
randgemeente (de)	чекка	chekka
omgeving (de)	теварак атрофдаги ҳудудлар	tevarak atrofdagi hududlar
blok (huizenblok)	даҳа	daha
woonwijk (de)	турар-жой даҳаси	turar-joy dahasi
verkeer (het)	ҳаракат	harakat
verkeerslicht (het)	светофор	svetofor
openbaar vervoer (het)	шаҳар транспорти	shahar transporti
kruispunt (het)	чорраҳа	chorraha
zebrapad (oversteekplaats)	ўтиш йўли	o'tish yo'li
onderdoorgang (de)	ер ости ўтиш йўли	er osti o'tish yo'li
oversteken (de straat ~)	ўтиш	o'tish
voetganger (de)	йўловчи	yo'lovchi
trottoir (het)	йўлка	yo'lka
brug (de)	кўприк	ko'prik
dijk (de)	сув бўйидаги кўча	suv bo'yidagi ko'cha
allee (de)	хиёбон	xiyobon
park (het)	боғ	bog'
boulevard (de)	булвар	bulvar
plein (het)	майдон	maydon
laan (de)	шоҳ кўча	shoh ko'cha
straat (de)	кўча	ko'cha
zijstraat (de)	тор кўча	tor ko'cha
doodlopende straat (de)	боши берк кўча	boshi berk ko'cha
huis (het)	уй	uy
gebouw (het)	бино	bino
wolkenkrabber (de)	осмонўпар бино	osmono'par bino
gevel (de)	фасад	fasad
dak (het)	том	tom

venster (het)	дераза	deraza
boog (de)	равоқ	ravoq
pilaar (de)	устун	ustun
hoek (ov. een gebouw)	бурчак	burchak
vitrine (de)	витрина	vitrina
gevelreclame (de)	вивеска	viveska
affiche (de/het)	афиша	afisha
reclameposter (de)	реклама плакати	reklama plakati
aanplakbord (het)	реклама шчити	reklama shchiti
vuilnis (de/het)	ахлат	axlat
vuilnisbak (de)	ахлатдон	axlatdon
afval weggooien (ww)	ифлос қилмоқ	iflos qilmoq
stortplaats (de)	ахлатхона	axlatxona
telefooncel (de)	телефон будкаси	telefon budkasi
straatlicht (het)	фонар осиладиган столба	fonar osiladigan stolba
bank (de)	скамейка	skameyka
politieagent (de)	полициячи	politsiyachi
politie (de)	полиция	politsiya
zwerver (de)	гадой	gadoy
dakloze (de)	бошпанасиз	boshpanasiz

54. Stedelijke instellingen

winkel (de)	дўкон	do'kon
apotheek (de)	дорихона	dorixona
optiek (de)	оптика	optika
winkelcentrum (het)	савдо маркази	savdo markazi
supermarkt (de)	супермаркет	supermarket
bakkerij (de)	нон дўкони	non do'koni
bakker (de)	новвой	novvoy
banketbakkerij (de)	қандолат дўкони	qandolat do'koni
kruidenier (de)	баққоллик	baqqollik
slagerij (de)	гўшт дўкони	go'sht do'koni
groentewinkel (de)	сабзавот дўкони	sabzavot do'koni
markt (de)	бозор	bozor
koffiehuis (het)	кафе	kafe
restaurant (het)	ресторан	restoran
bar (de)	пивохона	pivoxona
pizzeria (de)	пиццерия	pitstseriya
kapperssalon (de/het)	сартарошхона	sartaroshxona
postkantoor (het)	почта	pochta
stomerij (de)	химчистка	ximchistka
fotostudio (de)	фотоателе	fotoatele
schoenwinkel (de)	пояфзал дўкони	poyafzal do'koni
boekhandel (de)	китоб дўкони	kitob do'koni

sportwinkel (de)	спорт анжомлари дўкони	sport anjomlari do'koni
kledingreparatie (de)	кийим таъмири	kiyim ta'miri
kledingverhuur (de)	кийимни ижарага бериш	kiyimni ijaraga berish
videotheek (de)	филмларни ижарага бериш	filmlarni ijaraga berish
circus (de/het)	сирк	sirk
dierentuin (de)	ҳайвонот боғи	hayvonot bog'i
bioscoop (de)	кинотеатр	kinoteatr
museum (het)	музей	muzey
bibliotheek (de)	кутубхона	kutubxona
theater (het)	театр	teatr
opera (de)	опера	opera
nachtclub (de)	тунги клуб	tungi klub
casino (het)	казино	kazino
moskee (de)	мачит	machit
synagoge (de)	синагога	sinagoga
kathedraal (de)	бош черков	bosh cherkov
tempel (de)	ибодатхона	ibodatxona
kerk (de)	черков	cherkov
instituut (het)	институт	institut
universiteit (de)	университет	universitet
school (de)	мактаб	maktab
gemeentehuis (het)	префектура	prefektura
stadhuis (het)	мерия	meriya
hotel (het)	меҳмонхона	mehmonxona
bank (de)	банк	bank
ambassade (de)	елчихона	elchixona
reisbureau (het)	сайёҳлик агентлиги	sayyohlik agentligi
informatieloket (het)	маълумотхона	ma'lumotxona
wisselkantoor (het)	алмаштириш шохобчаси	almashtirish shoxobchasi
metro (de)	метро	metro
ziekenhuis (het)	касалхона	kasalxona
benzinestation (het)	бензин қуйиш шохобчаси	benzin quyish shoxobchasi
parking (de)	тўхташ жойи	to'xtash joyi

55. Borden

gevelreclame (de)	вивеска	viveska
opschrift (het)	ёзув	yozuv
poster (de)	плакат	plakat
wegwijzer (de)	кўрсаткич	ko'rsatkich
pijl (de)	мил	mil
waarschuwing (verwittiging)	огоҳлантириш	ogohlantirish
waarschuwingsbord (het)	огоҳлантириш	ogohlantirish
waarschuwen (ww)	огоҳлантирмоқ	ogohlantirmoq

vrije dag (de)	дам олиш куни	dam olish kuni
dienstregeling (de)	жадвал	jadval
openingsuren (mv.)	иш соатлари	ish soatlari
WELKOM!	ХУСҲ КЕЛИБСИЗ!	XUSH KELIBSIZ!
INGANG	КИРИСҲ	KIRISH
UITGANG	СҲИҚИСҲ	CHIQISH
DUWEN	ЎЗИДАН НАРИГА	O'ZIDAN NARIGA
TREKKEN	ЎЗИГА	O'ZIGA
OPEN	ОСҲИҚ	OCHIQ
GESLOTEN	ЙОПИҚ	YOPIQ
DAMES	АЙОЛЛАР УСҲУН	AYOLLAR UCHUN
HEREN	ЕРКАКЛАР УСҲУН	ERKAKLAR UCHUN
KORTING	КАМАЙТИРИЛГАН НАРХЛАР	KAMAYTIRILGAN NARXLAR
UITVERKOOP	АРЗОН СОТИБ ТУГАТИСҲ	ARZON SOTIB TUGATISH
NIEUW!	ЙАНГИЛИК!	YANGILIK!
GRATIS	БЕПУЛ	BEPUL
PAS OP!	ДИҚҚАТ!	DIQQAT!
VOLGEBOEKT	ЖОЙ ЙЎҚ	JOY YO'Q
GERESERVEERD	БАНД ҚИЛИНГАН	BAND QILINGAN
ADMINISTRATIE	МАЪМУРИЙАТ	MA'MURIYAT
ALLEEN VOOR PERSONEEL	ФАҚАТ ХОДИМЛАР УСҲУН	FAQAT XODIMLAR UCHUN
GEVAARLIJKE HOND	ҚОПАҒОН ИТ	QOPAG'ON IT
VERBODEN TE ROKEN!	СҲЕКИЛМАСИН!	CHEKILMASIN!
NIET AANRAKEN!	ҚЎЛ БИЛАН ТЕГИЛМАСИН!	QO'L BILAN TEGILMASIN!
GEVAARLIJK	ХАВФЛИ	XAVFLI
GEVAAR	ХАВФ	XAVF
HOOGSPANNING	ЙУҚОРИ КУСҲЛАНИСҲ	YUQORI KUCHLANISH
VERBODEN TE ZWEMMEN	СҲЎМИЛИСҲ ТАҚИҚЛАНГАН	CHO'MILISH TAQIQLANGAN
BUITEN GEBRUIK	ИСҲЛАМАЙДИ	ISHLAMAYDI
ONTVLAMBAAR	ЙОНҒИНДАН ХАВФЛИ	YONG'INDAN XAVFLI
VERBODEN	ТАҚИҚЛАНГАН	TAQIQLANGAN
DOORGANG VERBODEN	ЎТИСҲ ТАҚИҚЛАНГАН	O'TISH TAQIQLANGAN
OPGELET PAS GEVERFD	БЎЯЛГАН	BO'YALGAN

56. Stedelijk vervoer

bus, autobus (de)	автобус	avtobus
tram (de)	трамвай	tramvay
trolleybus (de)	троллейбус	trolleybus
route (de)	маршрут	marshrut
nummer (busnummer, enz.)	рақам	raqam

rijden met ...	... да бормоқ	... da bormoq
stappen (in de bus ~)	ўтирмоқ	o'tirmoq
afstappen (ww)	тушиб қолмоқ	tushib qolmoq
halte (de)	бекат	bekat
volgende halte (de)	кейинги бекат	keyingi bekat
eindpunt (het)	охирги бекат	oxirgi bekat
dienstregeling (de)	жадвал	jadval
wachten (ww)	кутмоқ	kutmoq
kaartje (het)	чипта	chipta
reiskosten (de)	чипта нархи	chipta narxi
kassier (de)	кассачи	kassachi
kaartcontrole (de)	назорат	nazorat
controleur (de)	назоратчи	nazoratchi
te laat zijn (ww)	кечга қолмоқ	kechga qolmoq
missen (de bus ~)	... га кечга қолмоқ	... ga kechga qolmoq
zich haasten (ww)	шошмоқ	shoshmoq
taxi (de)	такси	taksi
taxichauffeur (de)	таксичи	taksichi
met de taxi (bw)	таксида	taksida
taxistandplaats (de)	такси тўхташ жойи	taksi to'xtash joyi
een taxi bestellen	такси чақирмоқ	taksi chaqirmoq
een taxi nemen	такси олмоқ	taksi olmoq
verkeer (het)	кўча ҳаракати	ko'cha harakati
file (de)	тирбандлик	tirbandlik
spitsuur (het)	тиғиз пайт	tig'iz payt
parkeren (on.ww.)	жойлаштирмоқ	joylashtirmoq
parkeren (ov.ww.)	жойлаштирмоқ	joylashtirmoq
parking (de)	тўхташ жойи	to'xtash joyi
metro (de)	метро	metro
halte (bijv. kleine treinhalte)	станция	stantsiya
de metro nemen	метрода юрмоқ	metroda yurmoq
trein (de)	поезд	poezd
station (treinstation)	вокзал	vokzal

57. Bezienswaardigheden

monument (het)	ҳайкал	haykal
vesting (de)	қалъа	qal'a
paleis (het)	сарой	saroy
kasteel (het)	қаср	qasr
toren (de)	минора	minora
mausoleum (het)	мақбара	maqbara
architectuur (de)	меъморчилик	me'morchilik
middeleeuws (bn)	ўрта асрларга оид	o'rta asrlarga oid
oud (bn)	қадимги	qadimgi
nationaal (bn)	миллий	milliy

bekend (bn)	таниқли	taniqli
toerist (de)	сайёҳ	sayyoh
gids (de)	гид	gid
rondleiding (de)	екскурсия	ekskursiya
tonen (ww)	кўрсатмоқ	ko'rsatmoq
vertellen (ww)	сўзлаб бермоқ	so'zlab bermoq
vinden (ww)	топмоқ	topmoq
verdwalen (de weg kwijt zijn)	йўқолмоқ	yo'qolmoq
plattegrond (~ van de metro)	схема	sxema
plattegrond (~ van de stad)	чизма	chizma
souvenir (het)	ёдгорлик	yodgorlik
souvenirwinkel (de)	ёдгорликлар дўкони	yodgorliklar do'koni
een foto maken (ww)	фотосурат олмоқ	fotosurat olmoq
zich laten fotograferen	суратга тушмоқ	suratga tushmoq

58. Winkelen

kopen (ww)	харид қилмоқ	xarid qilmoq
aankoop (de)	харид	xarid
winkelen (ww)	буюмларни харид қилмоқ	buyumlarni xarid qilmoq
winkelen (het)	шоппинг	shopping
open zijn (ov. een winkel, enz.)	ишламоқ	ishlamoq
gesloten zijn (ww)	ёпилмоқ	yopilmoq
schoeisel (het)	пояфзал	poyafzal
kleren (mv.)	кийим	kiyim
cosmetica (de)	косметика	kosmetika
voedingswaren (mv.)	маҳсулотлар	mahsulotlar
geschenk (het)	совға	sovg'a
verkoper (de)	сотувчи	sotuvchi
verkoopster (de)	сотувчи	sotuvchi
kassa (de)	касса	kassa
spiegel (de)	кўзгу	ko'zgu
toonbank (de)	пештахта	peshtaxta
paskamer (de)	кийиб кўриш кабинаси	kiyib ko'rish kabinasi
aanpassen (ww)	кийиб кўриш	kiyib ko'rish
passen (ov. kleren)	лойиқ келмоқ	loyiq kelmoq
bevallen (prettig vinden)	ёқмоқ	yoqmoq
prijs (de)	нарх	narx
prijskaartje (het)	нархкўрсаткич	narxko'rsatkich
kosten (ww)	нархга ега бўлмоқ	narxga ega bo'lmoq
Hoeveel?	Қанча?	Qancha?
korting (de)	нархни камайтириш	narxni kamaytirish
niet duur (bn)	қиммат емас	qimmat emas
goedkoop (bn)	арзон	arzon

duur (bn)	қиммат	qimmat
Dat is duur.	Бу қиммат.	Bu qimmat.
verhuur (de)	ижарага олиш	ijaraga olish
huren (smoking, enz.)	ижарага олмоқ	ijaraga olmoq
krediet (het)	кредит	kredit
op krediet (bw)	кредитга олиш	kreditga olish

59. Geld

geld (het)	пул	pul
ruil (de)	алмаштириш	almashtirish
koers (de)	курс	kurs
geldautomaat (de)	банкомат	bankomat
muntstuk (de)	танга	tanga
dollar (de)	доллар	dollar
euro (de)	евро	evro
lire (de)	лира	lira
Duitse mark (de)	марка	marka
frank (de)	франк	frank
pond sterling (het)	фунт стерлинг	funt sterling
yen (de)	йена	yena
schuld (geldbedrag)	қарз	qarz
schuldenaar (de)	қарздор	qarzdor
uitlenen (ww)	қарз бермоқ	qarz bermoq
lenen (geld ~)	қарз олмоқ	qarz olmoq
bank (de)	банк	bank
bankrekening (de)	ҳисоб рақам	hisob raqam
op rekening storten	ҳисоб-рақамга қўймоқ	hisob-raqamga qo'ymoq
opnemen (ww)	ҳисоб-рақамдан олмоқ	hisob-raqamdan olmoq
kredietkaart (de)	кредит картаси	kredit kartasi
baar geld (het)	нақд пул	naqd pul
cheque (de)	чек	chek
een cheque uitschrijven	чек ёзиб бермоқ	chek yozib bermoq
chequeboekje (het)	чек дафтарчаси	chek daftarchasi
portefeuille (de)	кармон	karmon
geldbeugel (de)	ҳамён	hamyon
safe (de)	сейф	seyf
erfgenaam (de)	меросхўр	merosxo'r
erfenis (de)	мерос	meros
fortuin (het)	бойлик	boylik
huur (de)	ижара	ijara
huurprijs (de)	турар-жой ҳақи	turar-joy haqi
huren (huis, kamer)	ижарага олмоқ	ijaraga olmoq
prijs (de)	нарх	narx
kostprijs (de)	қиймат	qiymat

som (de)	сумма	summa
uitgeven (geld besteden)	сарфламоқ	sarflamoq
kosten (mv.)	харажатлар	xarajatlar
bezuinigen (ww)	тежамоқ	tejamoq
zuinig (bn)	тежамкор	tejamkor
betalen (ww)	тўламоқ	to'lamoq
betaling (de)	тўлов	to'lov
wisselgeld (het)	қайтим	qaytim
belasting (de)	солиқ	soliq
boete (de)	жарима	jarima
beboeten (bekeuren)	жарима солмоқ	jarima solmoq

60. Post. Postkantoor

postkantoor (het)	почта	pochta
post (de)	почта	pochta
postbode (de)	хат ташувчи	xat tashuvchi
openingsuren (mv.)	иш соатлари	ish soatlari
brief (de)	хат	xat
aangetekende brief (de)	буюртма хат	buyurtma xat
briefkaart (de)	откритка	otkritka
telegram (het)	телеграмма	telegramma
postpakket (het)	посилка	posilka
overschrijving (de)	пул ўтказиш	pul o'tkazish
ontvangen (ww)	олмоқ	olmoq
sturen (zenden)	жўнатмоқ	jo'natmoq
verzending (de)	жўнатиш	jo'natish
adres (het)	манзил	manzil
postcode (de)	индекс	indeks
verzender (de)	юборувчи	yuboruvchi
ontvanger (de)	олувчи	oluvchi
naam (de)	исм	ism
achternaam (de)	фамилия	familiya
tarief (het)	тариф	tarif
standaard (bn)	оддий	oddiy
zuinig (bn)	тежамли	tejamli
gewicht (het)	вазн	vazn
afwegen (op de weegschaal)	вазн ўлчамоқ	vazn o'lchamoq
envelop (de)	конверт	konvert
postzegel (de)	марка	marka

Woning. Huis. Thuis

61. Huis. Elektriciteit

elektriciteit (de)	електр	elektr
lamp (de)	лампочка	lampochka
schakelaar (de)	улатгич	ulatgich
zekering (de)	пробка	probka

draad (de)	сим	sim
bedrading (de)	електр сими	elektr simi
elektriciteitsmeter (de)	ҳисоблагич	hisoblagich
gegevens (mv.)	кўрсатиш	ko'rsatish

62. Villa. Herenhuis

landhuisje (het)	шаҳар ташқарисидаги уй	shahar tashqarisidagi uy
villa (de)	вилла	villa
vleugel (de)	қанот	qanot

tuin (de)	боғ	bog'
park (het)	боғ	bog'
oranjerie (de)	оранжерея	oranjereya
onderhouden (tuin, enz.)	парвариш қилмоқ	parvarish qilmoq

zwembad (het)	ҳовуз	hovuz
gym (het)	спорт зали	sport zali
tennisveld (het)	теннис корти	tennis korti
bioscoopkamer (de)	кинотеатр	kinoteatr
garage (de)	гараж	garaj

privé-eigendom (het)	хусусий мулк	xususiy mulk
eigen terrein (het)	хусусий мулк	xususiy mulk

waarschuwing (de)	огоҳлантириш	ogohlantirish
waarschuwingsbord (het)	огоҳлантирувчи ёзув	ogohlantiruvchi yozuv

bewaking (de)	қўриқлаш	qo'riqlash
bewaker (de)	соқчи	soqchi
inbraakalarm (het)	сигнализация	signalizatsiya

63. Appartement

appartement (het)	хонадон	xonadon
kamer (de)	хона	xona
slaapkamer (de)	ётоқхона	yotoqxona

eetkamer (de)	йемакхона	yemakxona
salon (de)	меҳмонхона	mehmonxona
studeerkamer (de)	кабинет	kabinet
gang (de)	даҳлиз	dahliz
badkamer (de)	ваннахона	vannaxona
toilet (het)	ҳожатхона	hojatxona
plafond (het)	шип	ship
vloer (de)	пол	pol
hoek (de)	бурчак	burchak

64. Meubels. Interieur

meubels (mv.)	мебел	mebel
tafel (de)	стол	stol
stoel (de)	стул	stul
bed (het)	каравот	karavot
bankstel (het)	диван	divan
fauteuil (de)	кресло	kreslo
boekenkast (de)	жавон	javon
boekenrek (het)	полка	polka
kledingkast (de)	шкаф	shkaf
kapstok (de)	кийим илгич	kiyim ilgich
staande kapstok (de)	кийим илгич	kiyim ilgich
commode (de)	комод	komod
salontafeltje (het)	журнал столи	jurnal stoli
spiegel (de)	кўзгу	ko'zgu
tapijt (het)	гилам	gilam
tapijtje (het)	гиламча	gilamcha
haard (de)	камин	kamin
kaars (de)	шам	sham
kandelaar (de)	шамдон	shamdon
gordijnen (mv.)	дарпарда	darparda
behang (het)	гулқоғоз	gulqog'oz
jaloezie (de)	дарпарда	darparda
bureaulamp (de)	стол чироғи	stol chirog'i
wandlamp (de)	чироқ	chiroq
staande lamp (de)	торшер	torsher
luchter (de)	қандил	qandil
poot (ov. een tafel, enz.)	оёқ	oyoq
armleuning (de)	тирсаклагич	tirsaklagich
rugleuning (de)	суянчиқ	suyanchiq
la (de)	ғаладон	g'aladon

65. Beddengoed

beddengoed (het)	чойшаб	choyshab
kussen (het)	ёстиқ	yostiq
kussenovertrek (de)	ёстиқ жилди	yostiq jildi
deken (de)	адёл	adyol
laken (het)	чойшаб	choyshab
sprei (de)	ўрин ёпинғичи	o'rin yoping'ichi

66. Keuken

keuken (de)	ошхона	oshxona
gas (het)	газ	gaz
gasfornuis (het)	газ плитаси	gaz plitasi
elektrisch fornuis (het)	електр плитаси	elektr plitasi
oven (de)	духовка	duxovka
magnetronoven (de)	микротўлқин печи	mikroto'lqin pechi
koelkast (de)	совутгич	sovutgich
diepvriezer (de)	музлатгич	muzlatgich
vaatwasmachine (de)	идиш-товоқ ювиш машинаси	idish-tovoq yuvish mashinasi
vleesmolen (de)	гўштқиймалагич	go'shtqiymalagich
vruchtenpers (de)	шарбациққич	sharbatsiqqich
toaster (de)	тостер	toster
mixer (de)	миксер	mikser
koffiemachine (de)	кофе қайнатадиган асбоб	kofe qaynatadigan asbob
koffiepot (de)	кофе қайнатадиган идиш	kofe qaynatadigan idish
koffiemolen (de)	кофе туядиган асбоб	kofe tuyadigan asbob
fluitketel (de)	чойнак	choynak
theepot (de)	чойнак	choynak
deksel (de/het)	қопқоқ	qopqoq
theezeefje (het)	сузгич	suzgich
lepel (de)	қошиқ	qoshiq
theelepeltje (het)	чой қошиғи	choy qoshig'i
eetlepel (de)	ош қошиғи	osh qoshig'i
vork (de)	санчқи	sanchqi
mes (het)	пичоқ	pichoq
vaatwerk (het)	идиш-товоқ	idish-tovoq
bord (het)	тарелка	tarelka
schoteltje (het)	ликопча	likopcha
likeurglas (het)	қадаҳ	qadah
glas (het)	стакан	stakan
kopje (het)	косача	kosacha
suikerpot (de)	қанддон	qanddon
zoutvat (het)	туздон	tuzdon

pepervat (het)	мурчдон	murchdon
boterschaaltje (het)	мой идиши	moy idishi
steelpan (de)	кастрюл	kastryul
bakpan (de)	това	tova
pollepel (de)	чўмич	cho'mich
vergiet (de/het)	човли	chovli
dienblad (het)	патнис	patnis
fles (de)	бутилка	butilka
glazen pot (de)	банка	banka
blik (conserven~)	банка	banka
flesopener (de)	очкич	ochqich
blikopener (de)	очкич	ochqich
kurkentrekker (de)	штопор	shtopor
filter (de/het)	филтр	filtr
filteren (ww)	филтрлаш	filtrlash
huisvuil (het)	ахлат	axlat
vuilnisemmer (de)	ахлат челак	axlat chelak

67. Badkamer

badkamer (de)	ваннахона	vannaxona
water (het)	сув	suv
kraan (de)	жўмрак	jo'mrak
warm water (het)	иссиқ сув	issiq suv
koud water (het)	совуқ сув	sovuq suv
tandpasta (de)	тиш пастаси	tish pastasi
tanden poetsen (ww)	тиш тозаламоқ	tish tozalamoq
zich scheren (ww)	соқол олмоқ	soqol olmoq
scheercrème (de)	соқол олиш учун кўпик	soqol olish uchun ko'pik
scheermes (het)	устара	ustara
wassen (ww)	ювмоқ	yuvmoq
een bad nemen	ювинмоқ	yuvinmoq
douche (de)	душ	dush
een douche nemen	душ қабул қилиш	dush qabul qilish
bad (het)	ванна	vanna
toiletpot (de)	унитаз	unitaz
wastafel (de)	раковина	rakovina
zeep (de)	совун	sovun
zeepbakje (het)	совун қути	sovun quti
spons (de)	губка	gubka
shampoo (de)	шампун	shampun
handdoek (de)	сочиқ	sochiq
badjas (de)	халат	xalat
was (bijv. handwas)	кир ювиш	kir yuvish

wasmachine (de)	кир ювиш машинаси	kir yuvish mashinasi
de was doen	кир ювмоқ	kir yuvmoq
waspoeder (de)	кир ювиш порошоги	kir yuvish poroshogi

68. Huishoudelijke apparaten

televisie (de)	телевизор	televizor
cassettespeler (de)	магнитофон	magnitofon
videorecorder (de)	видеомагнитофон	videomagnitofon
radio (de)	приёмник	priyomnik
speler (de)	плеер	pleer
videoprojector (de)	видеопроектор	videoproektor
home theater systeem (het)	уй кинотеатри	uy kinoteatri
DVD-speler (de)	ДВД проигриватели	DVD proigrivateli
versterker (de)	кучайтиргич	kuchaytirgich
spelconsole (de)	ўйин приставкаси	o'yin pristavkasi
videocamera (de)	видеокамера	videokamera
fotocamera (de)	фотоаппарат	fotoapparat
digitale camera (de)	рақамли фотоаппарат	raqamli fotoapparat
stofzuiger (de)	чангютгич	changyutgich
strijkijzer (het)	дазмол	dazmol
strijkplank (de)	дазмол тахта	dazmol taxta
telefoon (de)	телефон	telefon
mobieltje (het)	мобил телефон	mobil telefon
schrijfmachine (de)	ёзув машинкаси	yozuv mashinkasi
naaimachine (de)	тикув машинкаси	tikuv mashinkasi
microfoon (de)	микрофон	mikrofon
koptelefoon (de)	наушниклар	naushniklar
afstandsbediening (de)	пулт	pult
CD (de)	СД-диск	CD-disk
cassette (de)	кассета	kasseta
vinylplaat (de)	пластинка	plastinka

MENSELIJKE ACTIVITEITEN

Baan. Business. Deel 1

69. Kantoor. Op kantoor werken

kantoor (het)	офис	ofis
kamer (de)	кабинет	kabinet
receptie (de)	ресепшн	resepshn
secretaris (de)	котиб	kotib
directeur (de)	директор	direktor
manager (de)	менежер	menejer
boekhouder (de)	бухгалтер	buxgalter
werknemer (de)	ходим	xodim
meubilair (het)	мебел	mebel
tafel (de)	стол	stol
bureaustoel (de)	кресло	kreslo
ladeblok (het)	жовонча	jovoncha
kapstok (de)	кийим илгич	kiyim ilgich
computer (de)	компютер	kompyuter
printer (de)	принтер	printer
fax (de)	факс	faks
kopieerapparaat (het)	нусха кўпайтирувчи аппарат	nusxa ko'paytiruvchi apparat
papier (het)	қоғоз	qog'oz
kantoorartikelen (mv.)	канцелярия буюмлари	kantselyariya buyumlari
muismat (de)	гиламча	gilamcha
blad (het)	варақ	varaq
ordner (de)	папка	papka
catalogus (de)	каталог	katalog
telefoongids (de)	маълумотнома	ma'lumotnoma
documentatie (de)	ҳужжатлар	hujjatlar
brochure (de)	рисола	risola
flyer (de)	варақа	varaqa
monster (het), staal (de)	намуна	namuna
training (de)	тренинг	trening
vergadering (de)	кенгаш	kengash
lunchpauze (de)	тушлик танаффуси	tushlik tanaffusi
een kopie maken	нусха кўчирмоқ	nusxa ko'chirmoq
de kopieën maken	кўпайтирмоқ	ko'paytirmoq
een fax ontvangen	факс олмоқ	faks olmoq
een fax versturen	факс юбормоқ	faks yubormoq

opbellen (ww)	қўнғироқ қилмоқ	qo'ng'iroq qilmoq
antwoorden (ww)	жавоб бермоқ	javob bermoq
doorverbinden (ww)	уламоқ	ulamoq
afspreken (ww)	тайинламоқ	tayinlamoq
demonstreren (ww)	намойиш қилмоқ	namoyish qilmoq
absent zijn (ww)	йўқ бўлмоқ	yo'q bo'lmoq
afwezigheid (de)	йўқлик, қолдириш	yo'qlik, qoldirish

70. Bedrijfsprocessen. Deel 1

zaak (de), beroep (het)	иш	ish
firma (de)	фирма	firma
bedrijf (maatschap)	компания	kompaniya
corporatie (de)	корпорация	korporatsiya
onderneming (de)	корхона	korxona
agentschap (het)	агентлик	agentlik
overeenkomst (de)	шартнома	shartnoma
contract (het)	контракт	kontrakt
transactie (de)	битим	bitim
bestelling (de)	буюртма	buyurtma
voorwaarde (de)	шарт	shart
in het groot (bw)	улгуржи	ulgurji
groothandels- (abn)	улгуржи	ulgurji
groothandel (de)	улгуржи савдо	ulgurji savdo
kleinhandels- (abn)	чакана	chakana
kleinhandel (de)	чакана савдо	chakana savdo
concurrent (de)	рақобатчи	raqobatchi
concurrentie (de)	рақобат	raqobat
concurreren (ww)	рақобат қилмоқ	raqobat qilmoq
partner (de)	ҳамкор	hamkor
partnerschap (het)	ҳамкорлик	hamkorlik
crisis (de)	инқироз	inqiroz
bankroet (het)	банкротлик	bankrotlik
bankroet gaan (ww)	банкрот бўлмоқ	bankrot bo'lmoq
moeilijkheid (de)	қийинчилик	qiyinchilik
probleem (het)	муаммо	muammo
catastrofe (de)	ҳалокат	halokat
economie (de)	иқтисод	iqtisod
economisch (bn)	иқтисодий	iqtisodiy
economische recessie (de)	иқтисодий инқироз	iqtisodiy inqiroz
doel (het)	мақсад	maqsad
taak (de)	масала	masala
handelen (handel drijven)	савдо қилмоқ	savdo qilmoq
netwerk (het)	тармоқ	tarmoq
voorraad (de)	омбор	ombor

assortiment (het)	ассортимент	assortiment
leider (de)	етакчи	etakchi
groot (bn)	йирик	yirik
monopolie (het)	монополия	monopoliya
theorie (de)	назария	nazariya
praktijk (de)	амалиёт	amaliyot
ervaring (de)	тажриба	tajriba
tendentie (de)	тенденция	tendentsiya
ontwikkeling (de)	ривожланиш	rivojlanish

71. Bedrijfsprocessen. Deel 2

voordeel (het)	фойда	foyda
voordelig (bn)	фойдали	foydali
delegatie (de)	делегация	delegatsiya
salaris (het)	иш ҳақи	ish haqi
corrigeren (fouten ~)	тузатмоқ	tuzatmoq
zakenreis (de)	хизмат сафари	xizmat safari
commissie (de)	комиссия	komissiya
controleren (ww)	назорат қилмоқ	nazorat qilmoq
conferentie (de)	конференция	konferentsiya
licentie (de)	лицензия	litsenziya
betrouwbaar (partner, enz.)	ишончли	ishonchli
aanzet (de)	ташаббус	tashabbus
norm (bijv. ~ stellen)	меъёр	me'yor
omstandigheid (de)	вазият	vaziyat
taak, plicht (de)	мажбурият	majburiyat
organisatie (bedrijf, zaak)	ташкилот	tashkilot
organisatie (proces)	ташкиллаштириш	tashkillashtirish
georganiseerd (bn)	ташкил қилинган	tashkil qilingan
afzegging (de)	бекор қилиш	bekor qilish
afzeggen (ww)	бекор қилмоқ	bekor qilmoq
verslag (het)	ҳисобот	hisobot
patent (het)	патент	patent
patenteren (ww)	патентлаш	patentlash
plannen (ww)	режаламоқ	rejalamoq
premie (de)	мукофот	mukofot
professioneel (bn)	профессионал	professional
procedure (de)	бажариладиган иш тартиби	bajariladigan ish tartibi
onderzoeken (contract, enz.)	кўриб чиқмоқ	ko'rib chiqmoq
berekening (de)	ҳисоб-китоб	hisob-kitob
reputatie (de)	обрў	obro'
risico (het)	таваккал	tavakkal
beheren (managen)	бошқармоқ	boshqarmoq
informatie (de)	маълумотлар	ma'lumotlar

eigendom (bezit)	мулк	mulk
unie (de)	иттифоқ	ittifoq
levensverzekering (de)	ҳаётни суғурта қилиш	hayotni sug'urta qilish
verzekeren (ww)	суғурта қилиш	sug'urta qilish
verzekering (de)	суғурта	sug'urta
veiling (de)	ким ошди савдоси	kim oshdi savdosi
verwittigen (ww)	билдирмоқ	bildirmoq
beheer (het)	бошқарув	boshqaruv
dienst (de)	хизмат	xizmat
forum (het)	форум	forum
functioneren (ww)	ишламоқ	ishlamoq
stap, etappe (de)	босқич	bosqich
juridisch (bn)	хуқуқий	huquqiy
jurist (de)	хуқуқшунос	huquqshunos

72. Productie. Werken

industriële installatie (fabriek)	завод	zavod
fabriek (de)	фабрика	fabrika
werkplaatsruimte (de)	сех	sex
productielocatie (de)	ишлаб чиқариш	ishlab chiqarish
industrie (de)	саноат	sanoat
industrieel (bn)	саноат	sanoat
zware industrie (de)	оғир саноат	og'ir sanoat
lichte industrie (de)	енгил саноат	engil sanoat
productie (de)	маҳсулот	mahsulot
produceren (ww)	ишлаб чиқармоқ	ishlab chiqarmoq
grondstof (de)	хомашё	xomashyo
voorman, ploegbaas (de)	бригада бошлиғи	brigada boshlig'i
ploeg (de)	бригада	brigada
arbeider (de)	ишчи	ishchi
werkdag (de)	иш куни	ish kuni
pauze (de)	танаффус	tanaffus
samenkomst (de)	мажлис	majlis
bespreken (spreken over)	муҳокама қилмоқ	muhokama qilmoq
plan (het)	режа	reja
het plan uitvoeren	режани бажармоқ	rejani bajarmoq
productienorm (de)	меъёр	me'yor
kwaliteit (de)	сифат	sifat
controle (de)	назорат	nazorat
kwaliteitscontrole (de)	сифат назорати	sifat nazorati
arbeidsveiligheid (de)	меҳнат хавфсизлиги	mehnat xavfsizligi
discipline (de)	интизом	intizom
overtreding (de)	бузиш	buzish
overtreden (ww)	бузмоқ	buzmoq

staking (de)	иш ташлаш	ish tashlash
staker (de)	иш ташловчи	ish tashlovchi
staken (ww)	иш ташламоқ	ish tashlamoq
vakbond (de)	касаба уюшмаси	kasaba uyushmasi
uitvinden (machine, enz.)	ихтиро қилмоқ	ixtiro qilmoq
uitvinding (de)	ихтиро	ixtiro
onderzoek (het)	тадқиқот	tadqiqot
verbeteren (beter maken)	яхшиламоқ	yaxshilamoq
technologie (de)	технология	texnologiya
technische tekening (de)	чизма	chizma
vracht (de)	юк	yuk
lader (de)	юкчи	yukchi
laden (vrachtwagen)	юкламоқ	yuklamoq
laden (het)	юклаш	yuklash
lossen (ww)	юк туширмоқ	yuk tushirmoq
lossen (het)	юк тушириш	yuk tushirish
transport (het)	транспорт	transport
transportbedrijf (de)	транспорт компанияси	transport kompaniyasi
transporteren (ww)	транпортда ташимоқ	tranportda tashimoq
goederenwagon (de)	вагон	vagon
tank (bijv. ketelwagen)	систерна	sisterna
vrachtwagen (de)	юк машинаси	yuk mashinasi
machine (de)	дастгоҳ	dastgoh
mechanisme (het)	механизм	mexanizm
industrieel afval (het)	чиқиндилар	chiqindilar
verpakking (de)	жойлаш	joylash
verpakken (ww)	жойламоқ	joylamoq

73. Contract. Overeenstemming

contract (het)	контракт	kontrakt
overeenkomst (de)	келишув	kelishuv
bijlage (de)	илова	ilova
een contract sluiten	контракт тузмоқ	kontrakt tuzmoq
handtekening (de)	имзо	imzo
ondertekenen (ww)	имзоламоқ	imzolamoq
stempel (de)	муҳр	muhr
voorwerp (het) van de overeenkomst	шартнома мавзуи	shartnoma mavzui
clausule (de)	модда, банд	modda, band
partijen (mv.)	томонлар	tomonlar
vestigingsadres (het)	юридик манзил	yuridik manzil
het contract verbreken (overtreden)	контрактни бузмоқ	kontraktni buzmoq
verplichting (de)	мажбурият	majburiyat

verantwoordelijkheid (de)	масъулият	mas'uliyat
overmacht (de)	форс-мажор	fors-major
geschil (het)	баҳс	bahs
sancties (mv.)	жарима санкциялари	jarima sanktsiyalari

74. Import & Export

import (de)	импорт	import
importeur (de)	импортчи	importchi
importeren (ww)	импорт қилмоқ	import qilmoq
import- (abn)	импорт қилинган	import qilingan
exporteur (de)	експортчи	eksportchi
exporteren (ww)	експорт қилмоқ	eksport qilmoq
goederen (mv.)	товар	tovar
partij (de)	партия	partiya
gewicht (het)	вазн	vazn
volume (het)	ҳажм	hajm
kubieke meter (de)	куб метр	kub metr
producent (de)	ишлаб чиқарувчи	ishlab chiqaruvchi
transportbedrijf (de)	транспорт компанияси	transport kompaniyasi
container (de)	контейнер	konteyner
grens (de)	чегара	chegara
douane (de)	божхона	bojxona
douanerecht (het)	божхона божи	bojxona boji
douanier (de)	божхона ходими	bojxona xodimi
smokkelen (het)	контрабанда	kontrabanda
smokkelwaar (de)	контрабанда	kontrabanda

75. Financiën

aandeel (het)	акция	aktsiya
obligatie (de)	облигация	obligatsiya
wissel (de)	вексел	veksel
beurs (de)	биржа	birja
aandelenkoers (de)	акциялар курси	aktsiyalar kursi
dalen (ww)	арзонлашмоқ	arzonlashmoq
stijgen (ww)	қимматлашмоқ	qimmatlashmoq
meerderheidsbelang (het)	назорат пакети	nazorat paketi
investeringen (mv.)	инвестициялар	investitsiyalar
investeren (ww)	инвестиция қилмоқ	investitsiya qilmoq
procent (het)	фоиз	foiz
rente (de)	процент, фойда	protsent, foyda
winst (de)	фойда	foyda
winstgevend (bn)	фойдали	foydali

belasting (de)	солиқ	soliq
valuta (vreemde ~)	валюта	valyuta
nationaal (bn)	миллий	milliy
ruil (de)	алмаштириш	almashtirish
boekhouder (de)	бухгалтер	buxgalter
boekhouding (de)	бухгалтерия	buxgalteriya
bankroet (het)	банкротлик	bankrotlik
ondergang (de)	барбод бўлиш	barbod bo'lish
faillissement (het)	хонавайрон бўлиш	xonavayron bo'lish
geruïneerd zijn (ww)	хонавайрон бўлмоқ	xonavayron bo'lmoq
inflatie (de)	инфляция	inflyatsiya
devaluatie (de)	девалвация	devalvatsiya
kapitaal (het)	сармоя	sarmoya
inkomen (het)	даромад	daromad
omzet (de)	айланма	aylanma
middelen (mv.)	ресурслар	resurslar
financiële middelen (mv.)	пул маблағлари	pul mablag'lari
operationele kosten (mv.)	қўшимча харажатлар	qo'shimcha xarajatlar
reduceren (kosten ~)	қисқартирмоқ	qisqartirmoq

76. Marketing

marketing (de)	маркетинг	marketing
markt (de)	бозор	bozor
marktsegment (het)	бозор сегменти	bozor segmenti
product (het)	маҳсулот	mahsulot
goederen (mv.)	товар	tovar
handelsmerk (het)	савдо белгиси	savdo belgisi
beeldmerk (het)	фирма белгиси	firma belgisi
logo (het)	логотип	logotip
vraag (de)	талаб	talab
aanbod (het)	таклиф	taklif
behoefte (de)	эҳтиёж	ehtiyoj
consument (de)	истеъмолчи	iste'molchi
analyse (de)	таҳлил	tahlil
analyseren (ww)	таҳлил қилмоқ	tahlil qilmoq
positionering (de)	позициялаш	pozitsiyalash
positioneren (ww)	позицияламоқ	pozitsiyalamoq
prijs (de)	нарх	narx
prijspolitiek (de)	нарх-наво сиёсати	narx-navo siyosati
prijsvorming (de)	нархнинг белгиланиши	narxning belgilanishi

77. Reclame

reclame (de)	реклама	reklama
adverteren (ww)	реклама қилмоқ	reklama qilmoq

budget (het)	бюджет	byudjet
advertentie, reclame (de)	реклама	reklama
TV-reclame (de)	телереклама	telereklama
radioreclame (de)	радиода реклама бериш	radioda reklama berish
buitenreclame (de)	ташқи реклама	tashqi reklama
massamedia (de)	оммавий ахборот воситалари	ommaviy axborot vositalari
periodiek (de)	даврий нашрлар	davriy nashrlar
imago (het)	имиж	imij
slagzin (de)	шиор	shior
motto (het)	шиор, девиз	shior, deviz
campagne (de)	кампания	kampaniya
reclamecampagne (de)	реклама кампанияси	reklama kampaniyasi
doelpubliek (het)	мақсадли аудитория	maqsadli auditoriya
visitekaartje (het)	визит карточкаси	vizit kartochkasi
flyer (de)	варақа	varaqa
brochure (de)	рисола	risola
folder (de)	буклет	buklet
nieuwsbrief (de)	бюллетен	byulleten
gevelreclame (de)	вивеска	viveska
poster (de)	плакат	plakat
aanplakbord (het)	шчит	shchit

78. Bankieren

bank (de)	банк	bank
bankfiliaal (het)	бўлим	bo'lim
bankbediende (de)	маслаҳатчи	maslahatchi
manager (de)	бошқарувчи	boshqaruvchi
bankrekening (de)	ҳисоб рақам	hisob raqam
rekeningnummer (het)	ҳисоб-рақам сони	hisob-raqam soni
lopende rekening (de)	жорий ҳисоб-рақами	joriy hisob-raqami
spaarrekening (de)	жамғарма ҳисоб-рақами	jamg'arma hisob-raqami
een rekening openen	ҳисоб-рақамни очмоқ	hisob-raqamni ochmoq
de rekening sluiten	ҳисоб-рақамни ёпмоқ	hisob-raqamni yopmoq
op rekening storten	ҳисоб-рақамга қўймоқ	hisob-raqamga qo'ymoq
opnemen (ww)	ҳисоб-рақамдан олмоқ	hisob-raqamdan olmoq
storting (de)	омонат	omonat
een storting maken	омонат қўймоқ	omonat qo'ymoq
overschrijving (de)	ўтказиш	o'tkazish
een overschrijving maken	ўтказмоқ	o'tkazmoq
som (de)	сумма	summa
Hoeveel?	Қанча?	Qancha?
handtekening (de)	имзо	imzo

ondertekenen (ww)	имзоламоқ	imzolamoq
kredietkaart (de)	кредит картаси	kredit kartasi
code (de)	код	kod
kredietkaartnummer (het)	кредит картасининг тартиб рақами	kredit kartasining tartib raqami
geldautomaat (de)	банкомат	bankomat
cheque (de)	чек	chek
een cheque uitschrijven	чек ёзиб бермоқ	chek yozib bermoq
chequeboekje (het)	чек дафтарчаси	chek daftarchasi
lening, krediet (de)	кредит	kredit
een lening aanvragen	кредит олиш учун мурожаат қилмоқ	kredit olish uchun murojaat qilmoq
een lening nemen	кредит олмоқ	kredit olmoq
een lening verlenen	кредит бермоқ	kredit bermoq
garantie (de)	кафолат	kafolat

79. Telefoon. Telefoongesprek

telefoon (de)	телефон	telefon
mobieltje (het)	мобил телефон	mobil telefon
antwoordapparaat (het)	автоматик жавоб берувчи	avtomatik javob beruvchi
bellen (ww)	қўнғироқ қилмоқ	qoʻngʻiroq qilmoq
belletje (telefoontje)	қўнғироқ	qoʻngʻiroq
een nummer draaien	рақам термоқ	raqam termoq
Hallo!	Алло!	Allo!
vragen (ww)	сўрамоқ	soʻramoq
antwoorden (ww)	жавоб бермоқ	javob bermoq
horen (ww)	эшитмоқ	eshitmoq
goed (bw)	яхши	yaxshi
slecht (bw)	ёмон	yomon
storingen (mv.)	халал берувчи шовқин	xalal beruvchi shovqin
hoorn (de)	трубка	trubka
opnemen (ww)	трубкани олмоқ	trubkani olmoq
ophangen (ww)	трубкани қўймоқ	trubkani qoʻymoq
bezet (bn)	банд	band
overgaan (ww)	жиринглaмoқ	jiringlamoq
telefoonboek (het)	телефон китоби	telefon kitobi
lokaal (bn)	маҳаллий	mahalliy
interlokaal (bn)	шаҳарлараро	shaharlararo
buitenlands (bn)	халқаро	xalqaro

80. Mobiele telefoon

mobieltje (het)	мобил телефон	mobil telefon
scherm (het)	дисплей	displey

toets, knop (de)	тугма	tugma
simkaart (de)	СИМ-карта	SIM-karta
batterij (de)	батарея	batareya
leeg zijn (ww)	разрядка бўлмоқ	razryadka bo'lmoq
acculader (de)	заряд қилиш мосламаси	zaryad qilish moslamasi
menu (het)	меню	menyu
instellingen (mv.)	созлашлар	sozlashlar
melodie (beltoon)	мелодия	melodiya
selecteren (ww)	танламоқ	tanlamoq
rekenmachine (de)	калкулятор	kalkulyator
voicemail (de)	автоматик жавоб берувчи	avtomatik javob beruvchi
wekker (de)	будилник	budilnik
contacten (mv.)	телефон китоби	telefon kitobi
SMS-bericht (het)	СМС-хабар	SMS-xabar
abonnee (de)	абонент	abonent

81. Schrijfbehoeften

balpen (de)	ручка	ruchka
vulpen (de)	пероли ручка	peroli ruchka
potlood (het)	қалам	qalam
marker (de)	маркер	marker
viltstift (de)	фломастер	flomaster
notitieboekje (het)	ён дафтарча	yon daftarcha
agenda (boekje)	кундалик	kundalik
liniaal (de/het)	чизғич	chizg'ich
rekenmachine (de)	калкулятор	kalkulyator
gom (de)	ўчирғич	o'chirg'ich
punaise (de)	кнопка	knopka
paperclip (de)	қисқич	qisqich
lijm (de)	елим	elim
nietmachine (de)	степлер	stepler
perforator (de)	тешгич	teshgich
potloodslijper (de)	точилка	tochilka

82. Soorten bedrijven

boekhouddiensten (mv.)	бухгалтерлик хизматлари	buxgalterlik xizmatlari
reclame (de)	реклама	reklama
reclamebureau (het)	реклама агентлиги	reklama agentligi
airconditioning (de)	кондиционерлар	konditsionerlar
luchtvaartmaatschappij (de)	авиакомпания	aviakompaniya
alcoholische dranken (mv.)	спиртли ичимликлар	spirtli ichimliklar
antiek (het)	антиквариат	antikvariat

kunstgalerie (de)	галерея	galereya
audit diensten (mv.)	аудиторлик хизматлари	auditorlik xizmatlari
banken (mv.)	банк бизнеси	bank biznesi
bar (de)	бар	bar
schoonheidssalon (de/het)	гўзаллик салони	go'zallik saloni
boekhandel (de)	китоб дўкони	kitob do'koni
bierbrouwerij (de)	пиво заводи	pivo zavodi
zakencentrum (het)	бизнес-марказ	biznes-markaz
business school (de)	бизнес-мактаб	biznes-maktab
casino (het)	казино	kazino
bouwbedrijven (mv.)	қурилиш	qurilish
adviesbureau (het)	консалтинг	konsalting
tandheelkunde (de)	стоматология	stomatologiya
design (het)	дизайн	dizayn
apotheek (de)	дорихона	dorixona
stomerij (de)	химчистка	ximchistka
uitzendbureau (het)	кадрлар агентлиги	kadrlar agentligi
financiële diensten (mv.)	молиявий хизматлар	moliyaviy xizmatlar
voedingswaren (mv.)	озиқ-овқат маҳсулотлари	oziq-ovqat mahsulotlari
uitvaartcentrum (het)	дафн бюроси	dafn byurosi
meubilair (het)	мебел	mebel
kleding (de)	кийим	kiyim
hotel (het)	меҳмонхона	mehmonxona
IJsje (het)	музқаймоқ	muzqaymoq
industrie (de)	саноат	sanoat
verzekering (de)	суғурта	sug'urta
Internet (het)	интернет	internet
investeringen (mv.)	инвестициялар	investitsiyalar
juwelier (de)	заргар	zargar
juwelen (mv.)	заргарлик буюмлари	zargarlik buyumlari
wasserette (de)	кир ювиш ишхонаси	kir yuvish ishxonasi
juridische diensten (mv.)	юридик хизматлар	yuridik xizmatlar
lichte industrie (de)	енгил саноат	engil sanoat
tijdschrift (het)	журнал	jurnal
postorderbedrijven (mv.)	каталог бойича савдо	katalog boyicha savdo
medicijnen (mv.)	медицина	meditsina
bioscoop (de)	кинотеатр	kinoteatr
museum (het)	музей	muzey
persbureau (het)	ахборот агентлиги	axborot agentligi
krant (de)	газета	gazeta
nachtclub (de)	тунги клуб	tungi klub
olie (aardolie)	нефт	neft
koerierdienst (de)	курерлик хизмати	kurerlik xizmati
geneesmiddelen (mv.)	фармацевтика	farmatsevtika
drukkerij (de)	полиграфия	poligrafiya
uitgeverij (de)	нашриёт	nashriyot
radio (de)	радио	radio

vastgoed (het)	кўчмас мулк	ko'chmas mulk
restaurant (het)	ресторан	restoran

bewakingsfirma (de)	соқчилик агентлиги	soqchilik agentligi
sport (de)	спорт	sport
handelsbeurs (de)	биржа	birja
winkel (de)	дўкон	do'kon
supermarkt (de)	супермаркет	supermarket
zwembad (het)	ховуз	hovuz

naaiatelier (het)	ателе	atele
televisie (de)	телевидение	televidenie
theater (het)	театр	teatr
handel (de)	савдо	savdo
transport (het)	ташишлар	tashishlar
toerisme (het)	туризм	turizm

dierenarts (de)	ветеринар	veterinar
magazijn (het)	омбор	ombor
afvalinzameling (de)	ахлатни чиқариш	axlatni chiqarish

Baan. Business. Deel 2

83. Show. Tentoonstelling

Nederlands	Oezbeeks (Cyrillic)	Oezbeeks (Latin)
beurs (de)	кўргазма	ko'rgazma
vakbeurs, handelsbeurs (de)	савдо кўргазмаси	savdo ko'rgazmasi
deelneming (de)	иштирок етиш	ishtirok etish
deelnemen (ww)	иштирок етмоқ	ishtirok etmoq
deelnemer (de)	иштирокчи	ishtirokchi
directeur (de)	директор	direktor
organisatiecomité (het)	ташкилий қумита дирекцияси	tashkiliy qumita direktsiyasi
organisator (de)	ташкилотчи	tashkilotchi
organiseren (ww)	ташкил қилмоқ	tashkil qilmoq
deelnemingsaanvraag (de)	иштирок талабномаси	ishtirok talabnomasi
invullen (een formulier ~)	тўлдирмоқ	to'ldirmoq
details (mv.)	тафсилотлар	tafsilotlar
informatie (de)	маълумот	ma'lumot
prijs (de)	нарх	narx
inclusief (bijv. ~ BTW)	қўшиб	qo'shib
inbegrepen (alles ~)	қўшмоқ	qo'shmoq
betalen (ww)	тўламоқ	to'lamoq
registratietarief (het)	рўйхатга олиш бадали	ro'yxatga olish badali
ingang (de)	кириш	kirish
paviljoen (het), hal (de)	павилон	pavilon
registreren (ww)	рўйхатга олмоқ	ro'yxatga olmoq
badge, kaart (de)	бедж	bedj
beursstand (de)	стенд	stend
reserveren (een stand ~)	захира қилиб қўймоқ	zaxira qilib qo'ymoq
vitrine (de)	витрина	vitrina
licht (het)	чироқ	chiroq
design (het)	дизайн	dizayn
plaatsen (ww)	жойлаштирмоқ	joylashtirmoq
geplaatst zijn (ww)	жолашмоқ	jolashmoq
distributeur (de)	дистрибютор	distribyutor
leverancier (de)	етказиб берувчи	etkazib beruvchi
leveren (ww)	етказиб бермоқ	etkazib bermoq
land (het)	мамлакат	mamlakat
buitenlands (bn)	чет ел	chet el
product (het)	маҳсулот	mahsulot
associatie (de)	ассоциация	assotsiatsiya

conferentiezaal (de)	конференц-зал	konferents-zal
congres (het)	конгресс	kongress
wedstrijd (de)	конкурс	konkurs

bezoeker (de)	келувчи	keluvchi
bezoeken (ww)	келиб кӱрмоқ	kelib ko'rmoq
afnemer (de)	буюртмачи	buyurtmachi

84. Wetenschap. Onderzoek. Wetenschappers

wetenschap (de)	илм-фан	ilm-fan
wetenschappelijk (bn)	илмий	ilmiy
wetenschapper (de)	олим	olim
theorie (de)	назария	nazariya

axioma (het)	аксиома	aksioma
analyse (de)	таҳлил	tahlil
analyseren (ww)	таҳлил қилмоқ	tahlil qilmoq
argument (het)	далил	dalil
substantie (de)	модда	modda

hypothese (de)	фараз	faraz
dilemma (het)	дилемма	dilemma
dissertatie (de)	диссертация	dissertatsiya
dogma (het)	ақида	aqida

doctrine (de)	таълимот	ta'limot
onderzoek (het)	тадқиқот	tadqiqot
onderzoeken (ww)	тадқиқ қилмоқ	tadqiq qilmoq
toetsing (de)	синовлар	sinovlar
laboratorium (het)	лаборатория	laboratoriya

methode (de)	метод	metod
molecule (de/het)	молекула	molekula
monitoring (de)	мониторинг	monitoring
ontdekking (de)	кашфиёт	kashfiyot

postulaat (het)	постулат	postulat
principe (het)	тамойил	tamoyil
voorspelling (de)	олдиндан айтиш	oldindan aytish
een prognose maken	олдиндан айтмоқ	oldindan aytmoq

synthese (de)	синтез	sintez
tendentie (de)	тенденция	tendentsiya
theorema (het)	теорема	teorema

leerstellingen (mv.)	таълимот	ta'limot
feit (het)	далил	dalil
expeditie (de)	експедиция	ekspeditsiya
experiment (het)	експеримент	eksperiment

academicus (de)	академик	akademik
bachelor (bijv. BA, LLB)	бакалавр	bakalavr
doctor (de)	доктор	doktor

universitair docent (de)	доцент	dotsent
master, magister (de)	магистр	magistr
professor (de)	профессор	professor

Beroepen en ambachten

85. Zoeken naar werk. Ontslag

baan (de)	иш	ish
personeel (het)	штат	shtat
carrière (de)	еришиладиган мавқе	erishiladigan mavqe
vooruitzichten (mv.)	истиқбол	istiqbol
meesterschap (het)	маҳорат	mahorat
keuze (de)	танлаш	tanlash
uitzendbureau (het)	кадрлар агентлиги	kadrlar agentligi
CV, curriculum vitae (het)	резюме	rezyume
sollicitatiegesprek (het)	суҳбатлашиш	suhbatlashish
vacature (de)	бўш ўрин	bo'sh o'rin
salaris (het)	иш ҳақи	ish haqi
vaste salaris (het)	маош	maosh
loon (het)	ҳақ	haq
betrekking (de)	лавозим	lavozim
taak, plicht (de)	вазифа	vazifa
takenpakket (het)	доира	doira
bezig (~ zijn)	банд	band
ontslagen (ww)	ишдан бўшатмоқ	ishdan bo'shatmoq
ontslag (het)	ишдан бўшаш	ishdan bo'shash
werkloosheid (de)	ишсизлик	ishsizlik
werkloze (de)	ишсиз	ishsiz
pensioen (het)	нафақа	nafaqa
met pensioen gaan	нафақага чиқиш	nafaqaga chiqish

86. Zakenmensen

directeur (de)	директор	direktor
beheerder (de)	бошқарувчи	boshqaruvchi
hoofd (het)	раҳбар	rahbar
baas (de)	бошлиқ	boshliq
superieuren (mv.)	бошлиқлар	boshliqlar
president (de)	президент	prezident
voorzitter (de)	раис	rais
adjunct (de)	ўринбосар	o'rinbosar
assistent (de)	ёрдамчи	yordamchi
secretaris (de)	котиб	kotib

persoonlijke assistent (de)	шахсий котиб	shaxsiy kotib
zakenman (de)	бизнесмен	biznesmen
ondernemer (de)	тадбиркор	tadbirkor
oprichter (de)	асосчи	asoschi
oprichten (een nieuw bedrijf ~)	асос солмоқ	asos solmoq

stichter (de) — таъсисчи — ta'sischi
partner (de) — ҳамкор — hamkor
aandeelhouder (de) — акциядор — aktsiyador

miljonair (de) — миллионер — millioner
miljardair (de) — миллиардер — milliarder
eigenaar (de) — ега — ega
landeigenaar (de) — ер егаси — er egasi

klant (de) — мижоз — mijoz
vaste klant (de) — доимий мижоз — doimiy mijoz
koper (de) — харидор — xaridor
bezoeker (de) — келувчи — keluvchi

professioneel (de) — профессионал — professional
expert (de) — експерт — ekspert
specialist (de) — мутахассис — mutaxassis

bankier (de) — банкир — bankir
makelaar (de) — брокер — broker

kassier (de) — кассачи — kassachi
boekhouder (de) — бухгалтер — buxgalter
bewaker (de) — соқчи — soqchi

investeerder (de) — инвестор — investor
schuldenaar (de) — қарздор — qarzdor
crediteur (de) — кредитор — kreditor
lener (de) — қарз олувчи — qarz oluvchi

importeur (de) — импортчи — importchi
exporteur (de) — експортчи — eksportchi

producent (de) — ишлаб чиқарувчи — ishlab chiqaruvchi
distributeur (de) — дистрибютор — distribyutor
bemiddelaar (de) — воситачи — vositachi

adviseur, consulent (de) — маслаҳатчи — maslahatchi
vertegenwoordiger (de) — вакил — vakil
agent (de) — агент — agent
verzekeringsagent (de) — суғурта агенти — sug'urta agenti

87. Dienstverlenende beroepen

kok (de) — ошпаз — oshpaz
chef-kok (de) — бош ошпаз — bosh oshpaz
bakker (de) — новвой — novvoy

barman (de)	бармен	barmen
kelner, ober (de)	официант	ofitsiant
serveerster (de)	официантка	ofitsiantka
advocaat (de)	адвокат	advokat
jurist (de)	ҳуқуқшунос	huquqshunos
notaris (de)	нотариус	notarius
elektricien (de)	монтёр	montyor
loodgieter (de)	сантехник	santexnik
timmerman (de)	дурадгор	duradgor
masseur (de)	массажчи	massajchi
masseuse (de)	массажчи аёл	massajchi ayol
dokter, arts (de)	шифокор	shifokor
taxichauffeur (de)	таксичи	taksichi
chauffeur (de)	шофёр	shofyor
koerier (de)	курер	kurer
kamermeisje (het)	ходима	xodima
bewaker (de)	соқчи	soqchi
stewardess (de)	стюардесса	styuardessa
meester (de)	ўқитувчи	o'qituvchi
bibliothecaris (de)	кутубхоначи	kutubxonachi
vertaler (de)	таржимон	tarjimon
tolk (de)	таржимон	tarjimon
gids (de)	гид	gid
kapper (de)	сартарош	sartarosh
postbode (de)	почтачи	pochtachi
verkoper (de)	сотувчи	sotuvchi
tuinman (de)	боғбон	bog'bon
huisbediende (de)	хизматкор	xizmatkor
dienstmeisje (het)	хизматкор аёл	xizmatkor ayol
schoonmaakster (de)	фаррош	farrosh

88. Militaire beroepen en rangen

soldaat (rang)	оддий аскар	oddiy askar
sergeant (de)	сержант	serjant
luitenant (de)	лейтенант	leytenant
kapitein (de)	капитан	kapitan
majoor (de)	маёр	mayor
kolonel (de)	полковник	polkovnik
generaal (de)	генерал	general
maarschalk (de)	маршал	marshal
admiraal (de)	адмирал	admiral
militair (de)	ҳарбий	harbiy
soldaat (de)	аскар	askar

officier (de)	зобит	zobit
commandant (de)	командир	komandir
grenswachter (de)	чегарачи	chegarachi
marconist (de)	радист	radist
verkenner (de)	разведкачи	razvedkachi
sappeur (de)	сапёр	sapyor
schutter (de)	ўқчи	oʻqchi
stuurman (de)	штурман	shturman

89. Ambtenaren. Priesters

koning (de)	қирол	qirol
koningin (de)	қиролича	qirolicha
prins (de)	шаҳзода	shahzoda
prinses (de)	малика	malika
tsaar (de)	подшо	podsho
tsarina (de)	малика	malika
president (de)	президент	prezident
minister (de)	министр	ministr
eerste minister (de)	бош вазир	bosh vazir
senator (de)	сенатор	senator
diplomaat (de)	дипломат	diplomat
consul (de)	консул	konsul
ambassadeur (de)	елчи	elchi
adviseur (de)	маслаҳатчи	maslahatchi
ambtenaar (de)	амалдор	amaldor
prefect (de)	префект	prefekt
burgemeester (de)	мер	mer
rechter (de)	судя	sudya
aanklager (de)	прокурор	prokuror
missionaris (de)	миссионер	missioner
monnik (de)	монах	monax
abt (de)	аббат	abbat
rabbi, rabbijn (de)	раввин	ravvin
vizier (de)	вазир	vazir
sjah (de)	шоҳ	shoh
sjeik (de)	шайх	shayx

90. Agrarische beroepen

imker (de)	асаларичи	asalarichi
herder (de)	чўпон	choʻpon
landbouwkundige (de)	агроном	agronom

veehouder (de)	чорвадор	chorvador
dierenarts (de)	ветеринар	veterinar
landbouwer (de)	фермер	fermer
wijnmaker (de)	винопаз	vinopaz
zoöloog (de)	зоолог	zoolog
cowboy (de)	ковбой	kovboy

91. Kunst beroepen

acteur (de)	актёр	aktyor
actrice (de)	актриса	aktrisa
zanger (de)	хонанда	xonanda
zangeres (de)	хонанда	xonanda
danser (de)	раққос	raqqos
danseres (de)	раққоса	raqqosa
artiest (mann.)	артист	artist
artiest (vrouw.)	артистка	artistka
muzikant (de)	мусиқачи	musiqachi
pianist (de)	пианиночи	pianinochi
gitarist (de)	гитарачи	gitarachi
orkestdirigent (de)	дирижёр	dirijyor
componist (de)	композитор	kompozitor
impresario (de)	импресарио	impresario
filmregisseur (de)	режиссёр	rejissyor
filmproducent (de)	продюсер	prodyuser
scenarioschrijver (de)	сценарийчи	stsenariychi
criticus (de)	танқидчи	tanqidchi
schrijver (de)	ёзувчи	yozuvchi
dichter (de)	шоир	shoir
beeldhouwer (de)	ҳайкалтарош	haykaltarosh
kunstenaar (de)	рассом	rassom
jongleur (de)	жонглёр	jonglyor
clown (de)	масхарабоз	masxaraboz
acrobaat (de)	акробат	akrobat
goochelaar (de)	фокусчи	fokuschi

92. Verschillende beroepen

dokter, arts (de)	шифокор	shifokor
ziekenzuster (de)	тиббий ҳамшира	tibbiy hamshira
psychiater (de)	психиатр	psixiatr
tandarts (de)	стоматолог	stomatolog
chirurg (de)	жаррох	jarroh

astronaut (de)	астронавт	astronavt
astronoom (de)	астроном	astronom
piloot (de)	учувчи	uchuvchi
chauffeur (de)	ҳайдовчи	haydovchi
machinist (de)	машинист	mashinist
mecanicien (de)	механик	mexanik
mijnwerker (de)	кончи	konchi
arbeider (de)	ишчи	ishchi
bankwerker (de)	чилангар	chilangar
houtbewerker (de)	дурадгор	duradgor
draaier (de)	токар	tokar
bouwvakker (de)	қурувчи	quruvchi
lasser (de)	пайвандчи	payvandchi
professor (de)	профессор	professor
architect (de)	меъмор	me'mor
historicus (de)	тарихшунос	tarixshunos
wetenschapper (de)	олим	olim
fysicus (de)	физик	fizik
scheikundige (de)	кимёгар	kimyogar
archeoloog (de)	археолог	arxeolog
geoloog (de)	геолог	geolog
onderzoeker (de)	тадқиқотчи	tadqiqotchi
babysitter (de)	енага	enaga
leraar, pedagoog (de)	педагог	pedagog
redacteur (de)	муҳаррир	muharrir
chef-redacteur (de)	бош муҳаррир	bosh muharrir
correspondent (de)	мухбир	muxbir
typiste (de)	машинистка	mashinistka
designer (de)	дизайнер	dizayner
computerexpert (de)	компютерчи	kompyuterchi
programmeur (de)	дастурчи	dasturchi
ingenieur (de)	муҳандис	muhandis
matroos (de)	денгизчи	dengizchi
zeeman (de)	матрос	matros
redder (de)	қутқарувчи	qutqaruvchi
brandweerman (de)	ўт ўчирувчи	o't o'chiruvchi
politieagent (de)	полициячи	politsiyachi
nachtwaker (de)	қоровул	qorovul
detective (de)	изқувар	izquvar
douanier (de)	божхона ходими	bojxona xodimi
lijfwacht (de)	шахсий соқчи	shaxsiy soqchi
gevangenisbewaker (de)	назоратчи	nazoratchi
inspecteur (de)	инспектор	inspektor
sportman (de)	спортчи	sportchi
trainer (de)	тренер	trener

slager, beenhouwer (de)	қассоб	qassob
schoenlapper (de)	етикдўз	etikdo'z
handelaar (de)	тижоратчи	tijoratchi
lader (de)	юкчи	yukchi
kledingstilist (de)	моделер	modeler
model (het)	модел	model

93. Beroepen. Sociale status

scholier (de)	ўқувчи	o'quvchi
student (de)	талаба	talaba
filosoof (de)	файласуф	faylasuf
econoom (de)	иқтисодчи	iqtisodchi
uitvinder (de)	ихтирочи	ixtirochi
werkloze (de)	ишсиз	ishsiz
gepensioneerde (de)	нафақахўр	nafaqaxo'r
spion (de)	жосус	josus
gedetineerde (de)	маҳбус	mahbus
staker (de)	иш ташловчи	ish tashlovchi
bureaucraat (de)	бюрократ	byurokrat
reiziger (de)	саёҳатчи	sayohatchi
homoseksueel (de)	гомосексуалчи	gomoseksualchi
hacker (computerkraker)	хакер	xaker
hippie (de)	хиппи	xippi
bandiet (de)	босқинчи	bosqinchi
huurmoordenaar (de)	ёлланма қотил	yollanma qotil
drugsverslaafde (de)	гиёҳванд	giyohvand
drugshandelaar (de)	наркотик моддаларни сотувчи	narkotik moddalarni sotuvchi
prostituee (de)	фоҳиша	fohisha
pooier (de)	даюс	dayus
tovenaar (de)	жодугар	jodugar
tovenares (de)	жодугар аёл	jodugar ayol
piraat (de)	денгиз қароқчиси	dengiz qaroqchisi
slaaf (de)	қул	qul
samoerai (de)	самурай	samuray
wilde (de)	ёввойи одам	yovvoyi odam

Onderwijs

94. School

school (de)	мактаб	maktab
schooldirecteur (de)	мактаб директори	maktab direktori
leerling (de)	ўқувчи	o'quvchi
leerlinge (de)	ўқувчи қиз	o'quvchi qiz
scholier (de)	ўқувчи	o'quvchi
scholiere (de)	ўқувчи қиз	o'quvchi qiz
leren (lesgeven)	ўқитмоқ	o'qitmoq
studeren (bijv. een taal ~)	ўқимоқ	o'qimoq
van buiten leren	ёдламоқ	yodlamoq
leren (bijv. ~ tellen)	ўрганмоқ	o'rganmoq
in school zijn (schooljongen zijn)	ўқимоқ	o'qimoq
naar school gaan	мактабга бормоқ	maktabga bormoq
alfabet (het)	алифбе	alifbe
vak (schoolvak)	дарс, фан	dars, fan
klaslokaal (het)	синф	sinf
les (de)	дарс	dars
pauze (de)	танаффус	tanaffus
bel (de)	қўнғироқ	qo'ng'iroq
schooltafel (de)	парта	parta
schoolbord (het)	доска	doska
cijfer (het)	баҳо	baho
goed cijfer (het)	яхши баҳо	yaxshi baho
slecht cijfer (het)	ёмон баҳо	yomon baho
een cijfer geven	баҳо қўймоқ	baho qo'ymoq
fout (de)	хато	xato
fouten maken	хатолар қилмоқ	xatolar qilmoq
corrigeren (fouten ~)	тўғриламоқ	to'g'rilamoq
spiekbriefje (het)	шпаргалка	shpargalka
huiswerk (het)	уй вазифаси	uy vazifasi
oefening (de)	машқ	mashq
aanwezig zijn (ww)	қатнашмоқ	qatnashmoq
absent zijn (ww)	қатнашмаслик	qatnashmaslik
school verzuimen	дарсларни қолдирмоқ	darslarni qoldirmoq
bestraffen (een stout kind ~)	жазоламоқ	jazolamoq
bestraffing (de)	жазо	jazo

gedrag (het)	хулқ	xulq
cijferlijst (de)	кундалик	kundalik
potlood (het)	қалам	qalam
gom (de)	ўчирғич	o'chirg'ich
krijt (het)	бўр	bo'r
pennendoos (de)	пенал	penal
boekentas (de)	портфел	portfel
pen (de)	ручка	ruchka
schrift (de)	дафтар	daftar
leerboek (het)	дарслик	darslik
passer (de)	сиркул	sirkul
technisch tekenen (ww)	чизмоқ	chizmoq
technische tekening (de)	чизма	chizma
gedicht (het)	шеър	she'r
van buiten (bw)	ёддан	yoddan
van buiten leren	ёдламоқ	yodlamoq
vakantie (de)	таътил	ta'til
met vakantie zijn	таътилда бўлмоқ	ta'tilda bo'lmoq
vakantie doorbrengen	таътилни ўтказмоқ	ta'tilni o'tkazmoq
toets (schriftelijke ~)	назорат иши	nazorat ishi
opstel (het)	иншо	insho
dictee (het)	диктант	diktant
examen (het)	имтиҳон	imtihon
examen afleggen	имтиҳон топширмоқ	imtihon topshirmoq
experiment (het)	тажриба	tajriba

95. Hogeschool. Universiteit

academie (de)	академия	akademiya
universiteit (de)	университет	universitet
faculteit (de)	факултет	fakultet
student (de)	студент	student
studente (de)	студент	student
leraar (de)	ўқитувчи	o'qituvchi
collegezaal (de)	аудитория, дарсхона	auditoriya, darsxona
afgestudeerde (de)	битирувчи	bitiruvchi
diploma (het)	диплом	diplom
dissertatie (de)	диссертация	dissertatsiya
onderzoek (het)	тадқиқот	tadqiqot
laboratorium (het)	лаборатория	laboratoriya
college (het)	лекция	lektsiya
medestudent (de)	курсдош	kursdosh
studiebeurs (de)	стипендия	stipendiya
academische graad (de)	илмий даража	ilmiy daraja

96. Wetenschappen. Disciplines

wiskunde (de)	математика	matematika
algebra (de)	алгебра	algebra
meetkunde (de)	геометрия	geometriya
astronomie (de)	астрономия	astronomiya
biologie (de)	биология	biologiya
geografie (de)	география	geografiya
geologie (de)	геология	geologiya
geschiedenis (de)	тарих	tarix
geneeskunde (de)	медицина	meditsina
pedagogiek (de)	педагогика	pedagogika
rechten (mv.)	хуқуқ	huquq
fysica, natuurkunde (de)	физика	fizika
scheikunde (de)	кимё	kimyo
filosofie (de)	фалсафа	falsafa
psychologie (de)	психология	psixologiya

97. Schrift. Spelling

grammatica (de)	грамматика	grammatika
vocabulaire (het)	лексика	leksika
fonetiek (de)	фонетика	fonetika
zelfstandig naamwoord (het)	от	ot
bijvoeglijk naamwoord (het)	сифат	sifat
werkwoord (het)	феъл	fe'l
bijwoord (het)	равиш	ravish
voornaamwoord (het)	олмош	olmosh
tussenwerpsel (het)	ундов сўз	undov so'z
voorzetsel (het)	олд кўмакчи	old ko'makchi
stam (de)	сўз ўзаги	so'z o'zagi
achtervoegsel (het)	тугалланма	tugallanma
voorvoegsel (het)	олд қўшимча	old qo'shimcha
lettergreep (de)	бўғин	bo'g'in
achtervoegsel (het)	сўз ясовчи қўшимча	so'z yasovchi qo'shimcha
nadruk (de)	урғу	urg'u
afkappingsteken (het)	ажратиш белгиси	ajratish belgisi
punt (de)	нуқта	nuqta
komma (de/het)	вергул	vergul
puntkomma (de)	нуқтали вергул	nuqtali vergul
dubbelpunt (de)	қўш нуқта	qo'sh nuqta
beletselteken (het)	кўп нуқта	ko'p nuqta
vraagteken (het)	сўроқ белгиси	so'roq belgisi
uitroepteken (het)	ундов белгиси	undov belgisi

aanhalingstekens (mv.)	қўштирноқ	qo'shtirnoq
tussen aanhalingstekens (bw)	қўштирноқ ичида	qo'shtirnoq ichida
haakjes (mv.)	қавс	qavs
tussen haakjes (bw)	қавс ичида	qavs ichida

streepje (het)	дефис	defis
gedachtestreepje (het)	тире	tire
spatie (~ tussen twee woorden)	оралиқ	oraliq

letter (de)	ҳарф	harf
hoofdletter (de)	бош ҳарф	bosh harf

klinker (de)	унли товуш	unli tovush
medeklinker (de)	ундош товуш	undosh tovush

zin (de)	гап	gap
onderwerp (het)	ега	ega
gezegde (het)	кесим	kesim

regel (in een tekst)	сатр	satr
op een nieuwe regel (bw)	янги сатрдан	yangi satrdan
alinea (de)	абзац	abzats

woord (het)	сўз	so'z
woordgroep (de)	сўз бирикмаси	so'z birikmasi
uitdrukking (de)	ифода	ifoda
synoniem (het)	синоним	sinonim
antoniem (het)	антоним	antonim

regel (de)	қоида	qoida
uitzondering (de)	истисно	istisno
correct (bijv. ~e spelling)	тўғри	to'g'ri

vervoeging, conjugatie (de)	тусланиш	tuslanish
verbuiging, declinatie (de)	турланиш	turlanish
naamval (de)	келишик	kelishik
vraag (de)	савол	savol
onderstrepen (ww)	тагига чизмоқ	tagiga chizmoq
stippellijn (de)	пунктир	punktir

98. Vreemde talen

taal (de)	тил	til
vreemd (bn)	чет	chet
leren (bijv. van buiten ~)	ўрганмоқ	o'rganmoq
studeren (Nederlands ~)	ўрганмоқ	o'rganmoq

lezen (ww)	ўқимоқ	o'qimoq
spreken (ww)	гапирмоқ	gapirmoq
begrijpen (ww)	тушунмоқ	tushunmoq
schrijven (ww)	ёзмоқ	yozmoq
snel (bw)	тез	tez
langzaam (bw)	секин	sekin

vloeiend (bw)	еркин	erkin
regels (mv.)	қоидалар	qoidalar
grammatica (de)	грамматика	grammatika
vocabulaire (het)	лексика	leksika
fonetiek (de)	фонетика	fonetika
leerboek (het)	дарслик	darslik
woordenboek (het)	луғат	lug'at
leerboek (het) voor zelfstudie	мустақил ўрганиш учун қўлланма	mustaqil o'rganish uchun qo'llanma
taalgids (de)	сўзлашув китоби	so'zlashuv kitobi
cassette (de)	кассета	kasseta
videocassette (de)	видеокассета	videokasseta
CD (de)	СД-диск	CD-disk
DVD (de)	ДВД-диск	DVD-disk
alfabet (het)	алифбе	alifbe
spellen (ww)	ҳарфлаб гапирмоқ	harflab gapirmoq
uitspraak (de)	талаффуз	talaffuz
accent (het)	акцент	aktsent
met een accent (bw)	акценциз	aktsentsiz
zonder accent (bw)	акцент билан	aktsent bilan
woord (het)	сўз	so'z
betekenis (de)	маъно	ma'no
cursus (de)	курслар	kurslar
zich inschrijven (ww)	ёзилмоқ	yozilmoq
leraar (de)	ўқитувчи	o'qituvchi
vertaling (een ~ maken)	таржима	tarjima
vertaling (tekst)	таржима	tarjima
vertaler (de)	таржимон	tarjimon
tolk (de)	таржимон	tarjimon
polyglot (de)	полиглот	poliglot
geheugen (het)	хотира	xotira

Rusten. Entertainment. Reizen

99. Trip. Reizen

toerisme (het)	туризм	turizm
toerist (de)	сайёҳ	sayyoh
reis (de)	саёҳат	sayohat
avontuur (het)	саргузашт	sarguzasht
tocht (de)	сафарга бориб келиш	safarga borib kelish
vakantie (de)	таътил	ta'til
met vakantie zijn	таътилга чиқмоқ	ta'tilga chiqmoq
rust (de)	дам олиш	dam olish
trein (de)	поезд	poezd
met de trein	поездда	poezdda
vliegtuig (het)	самолёт	samolyot
met het vliegtuig	самолётда	samolyotda
met de auto	автомобилда	avtomobilda
per schip (bw)	кемада	kemada
bagage (de)	юк	yuk
valies (de)	чамадон	chamadon
bagagekarretje (het)	чамадон учун аравача	chamadon uchun aravacha
paspoort (het)	паспорт	pasport
visum (het)	виза	viza
kaartje (het)	чипта	chipta
vliegticket (het)	авиачипта	aviachipta
reisgids (de)	йўлкўрсаткич	yo'lko'rsatkich
kaart (de)	харита	xarita
gebied (landelijk ~)	жой	joy
plaats (de)	жой	joy
exotische bestemming (de)	екзотика	ekzotika
exotisch (bn)	екзотик	ekzotik
verwonderlijk (bn)	ажойиб	ajoyib
groep (de)	гурух	guruh
rondleiding (de)	екскурсия	ekskursiya
gids (de)	екскурсия раҳбари	ekskursiya rahbari

100. Hotel

hotel (het)	меҳмонхона	mehmonxona
motel (het)	мотел	motel
3-sterren	уч юлдуз	uch yulduz

5-sterren	беш юлдуз	besh yulduz
overnachten (ww)	тўхтамоқ	to'xtamoq
kamer (de)	номер, хона	nomer, xona
eenpersoonskamer (de)	бир ўринли номер	bir o'rinli nomer
tweepersoonskamer (de)	икки ўринли номер	ikki o'rinli nomer
een kamer reserveren	номерни банд қилмоқ	nomerni band qilmoq
halfpension (het)	ярим пансион	yarim pansion
volpension (het)	тўлиқ пансион	to'liq pansion
met badkamer	ваннаси билан	vannasi bilan
met douche	души билан	dushi bilan
satelliet-tv (de)	спутник телевидениеси	sputnik televideniyasi
airconditioner (de)	кондиционер	konditsioner
handdoek (de)	сочиқ	sochiq
sleutel (de)	калит	kalit
administrateur (de)	маъмур	ma'mur
kamermeisje (het)	ходима	xodima
piccolo (de)	ҳаммол	hammol
portier (de)	порте	porte
restaurant (het)	ресторан	restoran
bar (de)	бар	bar
ontbijt (het)	нонушта	nonushta
avondeten (het)	кечки овқат	kechki ovqat
buffet (het)	швед столи	shved stoli
hal (de)	вестибюл	vestibyul
lift (de)	лифт	lift
NIET STOREN	БЕЗОВТА ҚИЛИНМАСИН!	BEZOVTA QILINMASIN!
VERBODEN TE ROKEN!	СҲЕКИЛМАСИН!	CHEKILMASIN!

TECHNISCHE APPARATUUR. VERVOER

Technische apparatuur

101. Computer

computer (de)	компютер	kompyuter
laptop (de)	ноутбук	noutbuk
aanzetten (ww)	ёқмоқ	yoqmoq
uitzetten (ww)	ўчирмоқ	o'chirmoq
toetsenbord (het)	клавиатура	klaviatura
toets (enter~)	клавиша	klavisha
muis (de)	сичқон	sichqon
muismat (de)	гиламча	gilamcha
knopje (het)	тугма	tugma
cursor (de)	курсор	kursor
monitor (de)	монитор	monitor
scherm (het)	экран	ekran
harde schijf (de)	қаттиқ диск	qattiq disk
volume (het)	қаттиқ диск	qattiq disk
van de harde schijf	хотирасининг ҳажми	xotirasining hajmi
geheugen (het)	хотира	xotira
RAM-geheugen (het)	оператив хотира	operativ xotira
bestand (het)	файл	fayl
folder (de)	папка	papka
openen (ww)	очмоқ	ochmoq
sluiten (ww)	ёпмоқ	yopmoq
opslaan (ww)	сақламоқ	saqlamoq
verwijderen (wissen)	йўқ қилмоқ	yo'q qilmoq
kopiëren (ww)	нусха кўчирмоқ	nusxa ko'chirmoq
sorteren (ww)	сараламоқ	saralamoq
overplaatsen (ww)	қайта ёзмоқ	qayta yozmoq
programma (het)	дастур	dastur
software (de)	дастурий таъминот	dasturiy ta'minot
programmeur (de)	дастурчи	dasturchi
programmeren (ww)	дастурлаштирмоқ	dasturlashtirmoq
hacker (computerkraker)	хакер	xaker
wachtwoord (het)	парол	parol
virus (het)	вирус	virus
ontdekken (virus ~)	аниқламоқ	aniqlamoq

byte (de)	байт	bayt
megabyte (de)	мегабайт	megabayt
data (de)	маълумотлар	ma'lumotlar
databank (de)	маълумотлар базаси	ma'lumotlar bazasi
kabel (USB-~, enz.)	кабел	kabel
afsluiten (ww)	ажратмоқ	ajratmoq
aansluiten op (ww)	уламоқ	ulamoq

102. Internet. E-mail

internet (het)	интернет	internet
browser (de)	браузер	brauzer
zoekmachine (de)	қидирув ресурси	qidiruv resursi
internetprovider (de)	провайдер	provayder
webmaster (de)	веб-мастер	veb-master
website (de)	веб-сайт	veb-sayt
webpagina (de)	веб-саҳифа	veb-sahifa
adres (het)	манзил	manzil
adresboek (het)	манзил китоби	manzil kitobi
postvak (het)	почта қутиси	pochta qutisi
post (de)	почта	pochta
vol (~ postvak)	тўлиб кетган	to'lib ketgan
bericht (het)	хабар	xabar
binnenkomende berichten (mv.)	кирувчи хабарлар	kiruvchi xabarlar
uitgaande berichten (mv.)	чиқувчи хабарлар	chiquvchi xabarlar
verzender (de)	юборувчи	yuboruvchi
verzenden (ww)	жўнатмоқ	jo'natmoq
verzending (de)	жўнатиш	jo'natish
ontvanger (de)	олувчи	oluvchi
ontvangen (ww)	олмоқ	olmoq
correspondentie (de)	ёзишма	yozishma
corresponderen (met ...)	ёзишмоқ	yozishmoq
bestand (het)	файл	fayl
downloaden (ww)	кўчирмоқ	ko'chirmoq
creëren (ww)	яратмоқ	yaratmoq
verwijderen (een bestand ~)	йўқ қилмоқ	yo'q qilmoq
verwijderd (bn)	йўқ қилинган	yo'q qilingan
verbinding (de)	алоқа	aloqa
snelheid (de)	тезлик	tezlik
modem (de)	модем	modem
toegang (de)	кириш имконияти	kirish imkoniyati
poort (de)	порт	port

aansluiting (de)	уланиш	ulanish
zich aansluiten (ww)	уланмоқ	ulanmoq
selecteren (ww)	танламоқ	tanlamoq
zoeken (ww)	изламоқ	izlamoq

103. Elektriciteit

elektriciteit (de)	електр	elektr
elektrisch (bn)	електр	elektr
elektriciteitscentrale (de)	електр станцияси	elektr stantsiyasi
energie (de)	енергия	energiya
elektrisch vermogen (het)	електр енергияси	elektr energiyasi
lamp (de)	лампочка	lampochka
zaklamp (de)	фонар	fonar
straatlantaarn (de)	фонар	fonar
licht (elektriciteit)	ёруғлик	yorug'lik
aandoen (ww)	ёқмоқ	yoqmoq
uitdoen (ww)	ўчирмоқ	o'chirmoq
het licht uitdoen	чироқни ёқмоқ	chiroqni yoqmoq
doorbranden (gloeilamp)	куйиб кетмоқ	kuyib ketmoq
kortsluiting (de)	қисқа туташув	qisqa tutashuv
onderbreking (de)	узилиш	uzilish
contact (het)	контакт	kontakt
schakelaar (de)	улатгич	ulatgich
stopcontact (het)	розетка	rozetka
stekker (de)	вилка	vilka
verlengsnoer (de)	узайтиргич	uzaytirgich
zekering (de)	сақлагич	saqlagich
kabel (de)	сим	sim
bedrading (de)	електр сими	elektr simi
ampère (de)	ампер	amper
stroomsterkte (de)	ток кучи	tok kuchi
volt (de)	волт	volt
spanning (de)	кучланиш	kuchlanish
elektrisch toestel (het)	електр асбоби	elektr asbobi
indicator (de)	индикатор	indikator
elektricien (de)	електрик	elektrik
solderen (ww)	кавшарламоқ	kavsharlamoq
soldeerbout (de)	кавшарлагич	kavsharlagich
stroom (de)	ток	tok

104. Gereedschappen

werktuig (stuk gereedschap)	асбоб	asbob
gereedschap (het)	асбоблар	asboblar

uitrusting (de)	асбоб-ускуна	asbob-uskuna
hamer (de)	болға	bolg'a
schroevendraaier (de)	отвёртка	otvyortka
bijl (de)	болта	bolta
zaag (de)	арра	arra
zagen (ww)	арраламоқ	arralamoq
schaaf (de)	ранда	randa
schaven (ww)	рандаламоқ	randalamoq
soldeerbout (de)	кавшарлагич	kavsharlagich
solderen (ww)	кавшарламоқ	kavsharlamoq
vijl (de)	егов	egov
nijptang (de)	омбир	ombir
combinatietang (de)	ясси омбир	yassi ombir
beitel (de)	искана	iskana
boorkop (de)	парма	parma
boormachine (de)	дрел	drel
boren (ww)	пармаламоқ	parmalamoq
mes (het)	пичоқ	pichoq
zakmes (het)	чўнтаки пичоқ	cho'ntaki pichoq
knip- (abn)	буклама	buklama
lemmet (het)	тиғ	tig'
scherp (bijv. ~ mes)	ўткир	o'tkir
bot (bn)	ўтмас	o'tmas
bot raken (ww)	ўтмаслашмоқ	o'tmaslashmoq
slijpen (een mes ~)	чархламоқ	charxlamoq
bout (de)	болт	bolt
moer (de)	гайка	gayka
schroefdraad (de)	резба	rezba
houtschroef (de)	шуруп	shurup
nagel (de)	мих	mix
kop (de)	қалпоқ	qalpoq
liniaal (de/het)	чизғич	chizg'ich
rolmeter (de)	рулетка	ruletka
waterpas (de/het)	шайтон	shayton
loep (de)	лупа	lupa
meetinstrument (het)	ўлчов асбоби	o'lchov asbobi
opmeten (ww)	ўлчаш	o'lchash
schaal (meetschaal)	шкала	shkala
gegevens (mv.)	кўрсатиш	ko'rsatish
compressor (de)	компрессор	kompressor
microscoop (de)	микроскоп	mikroskop
pomp (de)	насос	nasos
robot (de)	робот	robot
laser (de)	лазер	lazer
moersleutel (de)	гайка калити	gayka kaliti

plakband (de)	тасма-скотч	tasma-skotch
lijm (de)	елим	elim

schuurpapier (het)	қумқоғоз	qumqog'oz
veer (de)	пружина	prujina
magneet (de)	магнит	magnit
handschoenen (mv.)	қўлқоплар	qo'lqoplar

touw (bijv. henneptouw)	арқон	arqon
snoer (het)	чилвир	chilvir
draad (de)	сим	sim
kabel (de)	кабел	kabel

moker (de)	босқон	bosqon
breekijzer (het)	лом	lom
ladder (de)	нарвон	narvon
trapje (inklapbaar ~)	икки ёққа очиладиган нарвон	ikki yoqqa ochiladigan narvon

aanschroeven (ww)	бураб қотирмоқ	burab qotirmoq
losschroeven (ww)	бураб очмоқ	burab ochmoq
dichtpersen (ww)	қисмоқ	qismoq
vastlijmen (ww)	ёпиштирмоқ	yopishtirmoq
snijden (ww)	кесмоқ	kesmoq

defect (het)	бузилганлик	buzilganlik
reparatie (de)	тузатиш	tuzatish
repareren (ww)	таъмирламоқ	ta'mirlamoq
regelen (een machine ~)	созламоқ	sozlamoq

nakijken (ww)	текширмоқ	tekshirmoq
controle (de)	текширув	tekshiruv
gegevens (mv.)	кўрсатиш	ko'rsatish

degelijk (bijv. ~ machine)	ишончли	ishonchli
ingewikkeld (bn)	мураккаб	murakkab

roesten (ww)	зангламоқ	zanglamoq
roestig (bn)	занглаган	zanglagan
roest (de/het)	занг	zang

Vervoer

105. Vliegtuig

vliegtuig (het)	самолёт	samolyot
vliegticket (het)	авиачипта	aviachipta
luchtvaartmaatschappij (de)	авиакомпания	aviakompaniya
luchthaven (de)	аэропорт	aeroport
supersonisch (bn)	товушдан тез	tovushdan tez
gezagvoerder (de)	кема командири	kema komandiri
bemanning (de)	екипаж	ekipaj
piloot (de)	учувчи	uchuvchi
stewardess (de)	стюардесса	styuardessa
stuurman (de)	штурман	shturman
vleugels (mv.)	қанотлар	qanotlar
staart (de)	дум	dum
cabine (de)	кабина	kabina
motor (de)	двигател	dvigatel
landingsgestel (het)	шасси	shassi
turbine (de)	турбина	turbina
propeller (de)	пропеллер	propeller
zwarte doos (de)	қора яшик	qora yashik
stuur (het)	штурвал	shturval
brandstof (de)	ёқилғи	yoqilg'i
veiligheidskaart (de)	инструкция	instruktsiya
zuurstofmasker (het)	кислород маскаси	kislorod maskasi
uniform (het)	униформа	uniforma
reddingsvest (de)	қутқарув жилети	qutqaruv jileti
parachute (de)	парашют	parashyut
opstijgen (het)	учиш	uchish
opstijgen (ww)	учиб чиқмоқ	uchib chiqmoq
startbaan (de)	учиш майдони	uchish maydoni
zicht (het)	кўриниш	ko'rinish
vlucht (de)	парвоз	parvoz
hoogte (de)	баландлик	balandlik
luchtzak (de)	ҳаво ўпқони	havo o'pqoni
plaats (de)	ўрин	o'rin
koptelefoon (de)	наушниклар	naushniklar
tafeltje (het)	қайтарма столча	qaytarma stolcha
venster (het)	иллюминатор	illyuminator
gangpad (het)	ўтиш йўли	o'tish yo'li

106. Trein

trein (de)	поезд	poezd
elektrische trein (de)	електр поезди	elektr poezdi
sneltrein (de)	тезюрар поезд	tezyurar poezd
diesellocomotief (de)	тепловоз	teplovoz
locomotief (de)	паровоз	parovoz
rijtuig (het)	вагон	vagon
restauratierijtuig (het)	вагон-ресторан	vagon-restoran
rails (mv.)	релслар	relslar
spoorweg (de)	темир йўл	temir yo'l
dwarsligger (de)	шпала	shpala
perron (het)	платформа	platforma
spoor (het)	йўл	yo'l
semafoor (de)	семафор	semafor
halte (bijv. kleine treinhalte)	станция	stantsiya
machinist (de)	машинист	mashinist
kruier (de)	ҳаммол	hammol
conducteur (de)	проводник	provodnik
passagier (de)	йўловчи	yo'lovchi
controleur (de)	назоратчи	nazoratchi
gang (in een trein)	йўлак	yo'lak
noodrem (de)	стоп-кран	stop-kran
coupé (de)	купе	kupe
bed (slaapplaats)	полка	polka
bovenste bed (het)	юқори полка	yuqori polka
onderste bed (het)	пастки полка	pastki polka
beddengoed (het)	чойшаб	choyshab
kaartje (het)	чипта	chipta
dienstregeling (de)	жадвал	jadval
informatiebord (het)	табло	tablo
vertrekken (De trein vertrekt ...)	жўнамоқ	jo'namoq
vertrek (ov. een trein)	жўнаш	jo'nash
aankomen (ov. de treinen)	етиб келмоқ	etib kelmoq
aankomst (de)	етиб келиш	etib kelish
aankomen per trein	поезда келмоқ	poezda kelmoq
in de trein stappen	поедга ўтирмоқ	poedga o'tirmoq
uit de trein stappen	поезддан тушмоқ	poezddan tushmoq
treinwrak (het)	ҳалокат	halokat
ontspoord zijn	релслардан чиқиб кетмоқ	relslardan chiqib ketmoq
locomotief (de)	паровоз	parovoz
stoker (de)	ўтёқар	o'tyoqar
stookplaats (de)	ўтхона	o'txona
steenkool (de)	кўмир	ko'mir

107. Schip

schip (het)	кема	kema
vaartuig (het)	кема	kema
stoomboot (de)	пароход	paroxod
motorschip (het)	теплоход	teploxod
lijnschip (het)	лайнер	layner
kruiser (de)	крейсер	kreyser
jacht (het)	яхта	yaxta
sleepboot (de)	шатакчи кема	shatakchi kema
duwbak (de)	баржа	barja
ferryboot (de)	паром	parom
zeilboot (de)	елканли кема	elkanli kema
brigantijn (de)	бригантина	brigantina
IJsbreker (de)	музёрар	muzyorar
duikboot (de)	сув ости кемаси	suv osti kemasi
boot (de)	қайиқ	qayiq
sloep (de)	шлюпка	shlyupka
reddingssloep (de)	қутқарув шлюпкаси	qutqaruv shlyupkasi
motorboot (de)	катер	kater
kapitein (de)	капитан	kapitan
zeeman (de)	матрос	matros
matroos (de)	денгизчи	dengizchi
bemanning (de)	екипаж	ekipaj
bootsman (de)	боцман	botsman
scheepsjongen (de)	юнга	yunga
kok (de)	кок	kok
scheepsarts (de)	кема врачи	kema vrachi
dek (het)	палуба	paluba
mast (de)	мачта	machta
zeil (het)	елкан	elkan
ruim (het)	трюм	tryum
voorsteven (de)	тумшуқ	tumshuq
achtersteven (de)	қуйруқ	quyruq
roeispaan (de)	ешкак	eshkak
schroef (de)	винт	vint
kajuit (de)	каюта	kayuta
officierskamer (de)	кают-компания	kayut-kompaniya
machinekamer (de)	машина бўлинмаси	mashina bo'linmasi
brug (de)	капитан кўприкчаси	kapitan ko'prikchasi
radiokamer (de)	радиорубка	radiorubka
radiogolf (de)	тўлқин	to'lqin
logboek (het)	кема журнали	kema jurnali
verrekijker (de)	узун дурбин	uzun durbin
klok (de)	қўнғироқ	qo'ng'iroq

vlag (de)	байроқ	bayroq
kabel (de)	йўғон арқон	yo'g'on arqon
knoop (de)	тугун	tugun
trapleuning (de)	тутқич	tutqich
trap (de)	трап	trap
anker (het)	лангар	langar
het anker lichten	лангар кўтармоқ	langar ko'tarmoq
het anker neerlaten	лангар ташламоқ	langar tashlamoq
ankerketting (de)	лангар занжири	langar zanjiri
haven (bijv. containerhaven)	порт	port
kaai (de)	причал	prichal
aanleggen (ww)	келиб тўхтамоқ	kelib to'xtamoq
wegvaren (ww)	жўнамоқ	jo'namoq
reis (de)	саёҳат	sayohat
cruise (de)	денгиз саёҳати	dengiz sayohati
koers (de)	курс	kurs
route (de)	маршрут	marshrut
vaarwater (het)	фарватер	farvater
zandbank (de)	саёзлик	sayozlik
stranden (ww)	саёзликка ўтирмоқ	sayozlikka o'tirmoq
storm (de)	довул	dovul
signaal (het)	сигнал	signal
zinken (ov. een boot)	чўкмоқ	cho'kmoq
Man overboord!	сувда одам бор!	suvda odam bor!
SOS (noodsignaal)	СОС!	SOS!
reddingsboei (de)	қутқариш ҳалқаси	qutqarish halqasi

108. Vliegveld

luchthaven (de)	аэропорт	aeroport
vliegtuig (het)	самолёт	samolyot
luchtvaartmaatschappij (de)	авиакомпания	aviakompaniya
luchtverkeersleider (de)	диспетчер	dispetcher
vertrek (het)	учиб кетиш	uchib ketish
aankomst (de)	учиб келиш	uchib kelish
aankomen (per vliegtuig)	учиб келмоқ	uchib kelmoq
vertrektijd (de)	учиб кетиш вақти	uchib ketish vaqti
aankomstuur (het)	учиб келиш вақти	uchib kelish vaqti
vertraagd zijn (ww)	кечикмоқ	kechikmoq
vluchtvertraging (de)	учиб кетишнинг кечикиши	uchib ketishning kechikishi
informatiebord (het)	маълумотлар таблоси	ma'lumotlar tablosi
informatie (de)	маълумот	ma'lumot
aankondigen (ww)	эълон қилмоқ	e'lon qilmoq
vlucht (bijv. KLM ~)	рейс	reys

douane (de)	божхона	bojxona
douanier (de)	божхона ходими	bojxona xodimi
douaneaangifte (de)	декларация	deklaratsiya
een douaneaangifte invullen	декларация тўлдирмоқ	deklaratsiya to'ldirmoq
paspoortcontrole (de)	паспорт назорати	pasport nazorati
bagage (de)	юк	yuk
handbagage (de)	қўл юки	qo'l yuki
bagagekarretje (het)	аравача	aravacha
landing (de)	қўниш	qo'nish
landingsbaan (de)	қўниш майдони	qo'nish maydoni
landen (ww)	қўнмоқ	qo'nmoq
vliegtuigtrap (de)	трап	trap
inchecken (het)	рўйхатдан ўтиш	ro'yxatdan o'tish
incheckbalie (de)	рўйхатдан ўтиш жойи	ro'yxatdan o'tish joyi
inchecken (ww)	рўйхатдан ўтмоқ	ro'yxatdan o'tmoq
instapkaart (de)	чиқиш талони	chiqish taloni
gate (de)	чиқиш	chiqish
transit (de)	транзит	tranzit
wachten (ww)	кутмоқ	kutmoq
wachtzaal (de)	кутиш зали	kutish zali
begeleiden (uitwuiven)	кузатмоқ	kuzatmoq
afscheid nemen (ww)	хайрлашмоқ	xayrlashmoq

Gebeurtenissen in het leven

109. Vakanties. Evenement

feest (het)	байрам	bayram
nationale feestdag (de)	миллий байрам	milliy bayram
feestdag (de)	байрам куни	bayram kuni
herdenken (ww)	байрам қилмоқ	bayram qilmoq
gebeurtenis (de)	воқеа	voqea
evenement (het)	тадбир	tadbir
banket (het)	банкет	banket
receptie (de)	қабул	qabul
feestmaal (het)	базм	bazm
verjaardag (de)	йиллик	yillik
jubileum (het)	юбилей	yubiley
vieren (ww)	нишонламоқ	nishonlamoq
Nieuwjaar (het)	Янги Йил	Yangi Yil
Gelukkig Nieuwjaar!	Янги Йил билан!	Yangi Yil bilan!
Kerstfeest (het)	Рождество	Rojdestvo
Vrolijk kerstfeest!	Қувноқ Рождество тилайман!	Quvnoq Rojdestvo tilayman!
kerstboom (de)	Рождество арчаси	Rojdestvo archasi
vuurwerk (het)	мушак	mushak
bruiloft (de)	никоҳ тўйи	nikoh to'yi
bruidegom (de)	куёв	kuyov
bruid (de)	келин	kelin
uitnodigen (ww)	таклиф қилмоқ	taklif qilmoq
uitnodiging (de)	таклифнома	taklifnoma
gast (de)	меҳмон	mehmon
op bezoek gaan	меҳмонга бормоқ	mehmonga bormoq
gasten verwelkomen	меҳмонларни кутмоқ	mehmonlarni kutmoq
geschenk, cadeau (het)	совға	sovg'a
geven (iets cadeau ~)	совға қилмоқ	sovg'a qilmoq
geschenken ontvangen	совға олмоқ	sovg'a olmoq
boeket (het)	даста	dasta
felicitaties (mv.)	табрик	tabrik
feliciteren (ww)	табрикламоқ	tabriklamoq
wenskaart (de)	табрик откриткаси	tabrik otkritkasi
een kaartje versturen	откритка жўнатмоқ	otkritka jo'natmoq
een kaartje ontvangen	откритка олмоқ	otkritka olmoq

toast (de)	қадаҳ сўзи	qadah so'zi
aanbieden (een drankje ~)	меҳмон қилмоқ	mehmon qilmoq
champagne (de)	шампан виноси	shampan vinosi
plezier hebben (ww)	қувнамоқ	quvnamoq
plezier (het)	қувноқлик	quvnoqlik
vreugde (de)	қувонч	quvonch
dans (de)	рақс	raqs
dansen (ww)	рақсга тушмоқ	raqsga tushmoq
wals (de)	валс	vals
tango (de)	танго	tango

110. Begrafenissen. Begrafenis

kerkhof (het)	мозор	mozor
graf (het)	гўр	go'r
kruis (het)	хоч	xoch
grafsteen (de)	қабр тоши	qabr toshi
omheining (de)	панжара	panjara
kapel (de)	бутхона	butxona
dood (de)	ўлим	o'lim
sterven (ww)	ўлмоқ	o'lmoq
overledene (de)	майит	mayit
rouw (de)	мотам	motam
begraven (ww)	дафн қилмоқ	dafn qilmoq
begrafenisonderneming (de)	дафн бюроси	dafn byurosi
begrafenis (de)	дафн қилиш маросими	dafn qilish marosimi
krans (de)	гулчамбар	gulchambar
doodskist (de)	тобут	tobut
lijkwagen (de)	тобут қўйиладиган арава	tobut qo'yiladigan arava
lijkkleed (de)	кафан	kafan
begrafenisstoet (de)	кўмиш маросими	ko'mish marosimi
urn (de)	урна	urna
crematorium (het)	крематорий	krematoriy
overlijdensbericht (het)	таъзиянома	ta'ziyanoma
huilen (wenen)	йиғламоқ	yig'lamoq
snikken (huilen)	хўнграб йиғламоқ	xo'ngrab yig'lamoq

111. Oorlog. Soldaten

peloton (het)	взвод	vzvod
compagnie (de)	рота	rota
regiment (het)	полк	polk
leger (armee)	армия	armiya
divisie (de)	дивизия	diviziya

sectie (de)	отряд	otryad
troep (de)	қўшин	qo'shin
soldaat (militair)	аскар	askar
officier (de)	зобит	zobit
soldaat (rang)	оддий аскар	oddiy askar
sergeant (de)	сержант	serjant
luitenant (de)	лейтенант	leytenant
kapitein (de)	капитан	kapitan
majoor (de)	маёр	mayor
kolonel (de)	полковник	polkovnik
generaal (de)	генерал	general
matroos (de)	денгизчи	dengizchi
kapitein (de)	капитан	kapitan
bootsman (de)	боцман	botsman
artillerist (de)	артиллериячи	artilleriyachi
valschermjager (de)	десантчи	desantchi
piloot (de)	учувчи	uchuvchi
stuurman (de)	штурман	shturman
mecanicien (de)	механик	mexanik
sappeur (de)	сапёр	sapyor
parachutist (de)	парашютчи	parashyutchi
verkenner (de)	разведкачи	razvedkachi
scherpschutter (de)	снайпер	snayper
patrouille (de)	патрул	patrul
patrouilleren (ww)	патруллик қилмоқ	patrullik qilmoq
wacht (de)	соқчи	soqchi
krijger (de)	жангчи	jangchi
held (de)	қаҳрамон	qahramon
heldin (de)	қаҳрамон	qahramon
patriot (de)	ватанпарвар	vatanparvar
verrader (de)	хоин	xoin
deserteur (de)	дезертир	dezertir
deserteren (ww)	дезертирлик қилмоқ	dezertirlik qilmoq
huurling (de)	ёлланган	yollangan
rekruut (de)	янги олинган аскар	yangi olingan askar
vrijwilliger (de)	кўнгилли аскар	ko'ngilli askar
gedode (de)	ўлдирилган	o'ldirilgan
gewonde (de)	ярадор	yarador
krijgsgevangene (de)	асир	asir

112. Oorlog. Militaire acties. Deel 1

oorlog (de)	уруш	urush
oorlog voeren (ww)	урушмоқ	urushmoq

burgeroorlog (de)	фуқаролар уруши	fuqarolar urushi
achterbaks (bw)	маккорона	makkorona
oorlogsverklaring (de)	еълон қилиш	e'lon qilish
verklaren (de oorlog ~)	еълон қилмоқ	e'lon qilmoq
agressie (de)	агрессия	agressiya
aanvallen (binnenvallen)	ҳужум қилмоқ	hujum qilmoq
binnenvallen (ww)	босиб олмоқ	bosib olmoq
invaller (de)	босқинчи	bosqinchi
veroveraar (de)	истилочи	istilochi
verdediging (de)	мудофаа	mudofaa
verdedigen (je land ~)	мудофааламоқ	mudofaalamoq
zich verdedigen (ww)	мудофааланмоқ	mudofaalanmoq
vijand, tegenstander (de)	душман	dushman
vijandelijk (bn)	душман	dushman
strategie (de)	стратегия	strategiya
tactiek (de)	тактика	taktika
order (de)	буйруқ	buyruq
bevel (het)	команда	komanda
bevelen (ww)	буюрмоқ	buyurmoq
opdracht (de)	топшириқ	topshiriq
geheim (bn)	маҳфий	mahfiy
strijd, slag (de)	жанг	jang
aanval (de)	ҳужум	hujum
bestorming (de)	қаттиқ ҳужум	qattiq hujum
bestormen (ww)	қаттиқ ҳужум қилмоқ	qattiq hujum qilmoq
bezetting (de)	қамал	qamal
aanval (de)	ҳужум	hujum
in het offensief te gaan	ҳужум қилмоқ	hujum qilmoq
terugtrekking (de)	чекиниш	chekinish
zich terugtrekken (ww)	чекинмоқ	chekinmoq
omsingeling (de)	қуршов	qurshov
omsingelen (ww)	қуршовга олмоқ	qurshovga olmoq
bombardement (het)	бомба ёғдирмоқ	bomba yog'dirmoq
een bom gooien	бомба ташламоқ	bomba tashlamoq
bombarderen (ww)	бомба ташламоқ	bomba tashlamoq
ontploffing (de)	портлаш	portlash
schot (het)	ўқ узиш	o'q uzish
een schot lossen	ўқ узмоқ	o'q uzmoq
schieten (het)	ўқ отиш	o'q otish
mikken op (ww)	нишонга олмоқ	nishonga olmoq
aanleggen (een wapen ~)	мўлжалга тўғриламоқ	mo'ljalga to'g'rilamoq
treffen (doelwit ~)	тегмоқ	tegmoq
zinken (tot zinken brengen)	чўктирмоқ	cho'ktirmoq
kogelgat (het)	тешик	teshik

zinken (gezonken zijn)	сув остига кетиш	suv ostiga ketish
front (het)	фронт	front
evacuatie (de)	евакуация	evakuatsiya
evacueren (ww)	евакуация қилмоқ	evakuatsiya qilmoq
prikkeldraad (de)	тиканли сим	tikanli sim
verdedigingsobstakel (het)	тўсиқ	to'siq
wachttoren (de)	минора	minora
hospitaal (het)	госпитал	gospital
verwonden (ww)	яраламоқ	yaralamoq
wond (de)	яра	yara
gewonde (de)	ярадор	yarador
gewond raken (ww)	яраланмоқ	yaralanmoq
ernstig (~e wond)	оғир	og'ir

113. Oorlog. Militaire acties. Deel 2

krijgsgevangenschap (de)	асир	asir
krijgsgevangen nemen	асирга олмоқ	asirga olmoq
krijgsgevangene zijn	асирда бўлмоқ	asirda bo'lmoq
krijgsgevangen genomen worden	асирга тушмоқ	asirga tushmoq
concentratiekamp (het)	концлагер	kontslager
krijgsgevangene (de)	асир	asir
vluchten (ww)	қочмоқ	qochmoq
verraden (ww)	сотмоқ	sotmoq
verrader (de)	хоин	xoin
verraad (het)	хоинлик	xoinlik
fusilleren (executeren)	отиб ташламоқ	otib tashlamoq
executie (de)	отиш	otish
uitrusting (de)	формали кийим-кечак	formali kiyim-kechak
schouderstuk (het)	погон	pogon
gasmasker (het)	противогаз	protivogaz
portofoon (de)	рация	ratsiya
geheime code (de)	шифр	shifr
samenzwering (de)	конспирация	konspiratsiya
wachtwoord (het)	парол	parol
mijn (landmijn)	мина	mina
ondermijnen (legden mijnen)	миналамоқ	minalamoq
mijnenveld (het)	мина майдони	mina maydoni
luchtalarm (het)	ҳаво тревогаси	havo trevogasi
alarm (het)	тревога	trevoga
signaal (het)	сигнал	signal
vuurpijl (de)	сигнал ракетаси	signal raketasi
staf (generale ~)	штаб	shtab
verkenningstocht (de)	разведка	razvedka

toestand (de)	вазият	vaziyat
rapport (het)	рапорт	raport
hinderlaag (de)	пистирма	pistirma
versterking (de)	қўшимча куч	qo'shimcha kuch
doel (bewegend ~)	нишон	nishon
proefterrein (het)	полигон	poligon
manoeuvres (mv.)	манёврлар	manyovrlar
paniek (de)	саросималик	sarosimalik
verwoesting (de)	вайронгарчилик	vayrongarchilik
verwoestingen (mv.)	вайрониликлар	vayronaliklar
verwoesten (ww)	вайрон қилмоқ	vayron qilmoq
overleven (ww)	тирик қолмоқ	tirik qolmoq
ontwapenen (ww)	қуролсизлантирмоқ	qurolsizlantirmoq
behandelen (een pistool ~)	фойдаланмоқ	foydalanmoq
Geeft acht!	Тек тур!	Tek tur!
Op de plaats rust!	Еркин!	Erkin!
heldendaad (de)	жасорат	jasorat
eed (de)	қасам	qasam
zweren (een eed doen)	қасам ичмоқ	qasam ichmoq
decoratie (de)	мукофот	mukofot
onderscheiden (een ereteken geven)	мукофотламоқ	mukofotlamoq
medaille (de)	медал	medal
orde (de)	орден	orden
overwinning (de)	ғалаба	g'alaba
verlies (het)	мағлубият	mag'lubiyat
wapenstilstand (de)	сулҳ	sulh
wimpel (vaandel)	байроқ	bayroq
roem (de)	шуҳрат	shuhrat
parade (de)	парад	parad
marcheren (ww)	марш қилмоқ	marsh qilmoq

114. Wapens

wapens (mv.)	қурол	qurol
vuurwapens (mv.)	ўқ отадиган қурол	o'q otadigan qurol
koude wapens (mv.)	совуқ қурол	sovuq qurol
chemische wapens (mv.)	кимёвий қурол	kimyoviy qurol
kern-, nucleair (bn)	ядро	yadro
kernwapens (mv.)	ядро қуроли	yadro quroli
bom (de)	бомба	bomba
atoombom (de)	атом бомбаси	atom bombasi
pistool (het)	тўппонча	to'pponcha
geweer (het)	милтиқ	miltiq

machinepistool (het)	автомат	avtomat
machinegeweer (het)	пулемёт	pulemyot
loop (schietbuis)	ствол оғзи	stvol og'zi
loop (bijv. geweer met kortere ~)	ствол	stvol
kaliber (het)	калибр	kalibr
trekker (de)	тепки	tepki
korrel (de)	нишонга олгич	nishonga olgich
magazijn (het)	магазин	magazin
geweerkolf (de)	қўндоқ	qo'ndoq
granaat (handgranaat)	граната	granata
explosieven (mv.)	портловчи модда	portlovchi modda
kogel (de)	ўқ	o'q
patroon (de)	патрон	patron
lading (de)	заряд	zaryad
ammunitie (de)	ўқ-дори	o'q-dori
bommenwerper (de)	бомбардимончи	bombardimonchi
straaljager (de)	қирувчи	qiruvchi
helikopter (de)	вертолёт	vertolyot
afweergeschut (het)	зенит тўпи	zenit to'pi
tank (de)	танк	tank
kanon (tank met een ~ van 76 mm)	замбарак	zambarak
artillerie (de)	артиллерия	artilleriya
aanleggen (een wapen ~)	мўлжалга тўғриламоқ	mo'ljalga to'g'rilamoq
projectiel (het)	снаряд	snaryad
mortiergranaat (de)	мина	mina
mortier (de)	миномёт	minomyot
granaatscherf (de)	парча	parcha
duikboot (de)	сув ости кемаси	suv osti kemasi
torpedo (de)	торпеда	torpeda
raket (de)	ракета	raketa
laden (geweer, kanon)	ўқламоқ	o'qlamoq
schieten (ww)	отмоқ	otmoq
richten op (mikken)	нишонга олмоқ	nishonga olmoq
bajonet (de)	найза	nayza
degen (de)	шпага	shpaga
sabel (de)	қилич	qilich
speer (de)	найза	nayza
boog (de)	камон	kamon
pijl (de)	камон ўқи	kamon o'qi
musket (de)	мушкет	mushket
kruisboog (de)	арбалет	arbalet

115. Oude mensen

primitief (bn)	ибтидоий	ibtidoiy
voorhistorisch (bn)	тарихдан илгариги	tarixdan ilgarigi
eeuwenoude (~ beschaving)	қадимги	qadimgi
Steentijd (de)	Тош даври	Tosh davri
Bronstijd (de)	Бронза даври	Bronza davri
IJstijd (de)	Музлик даври	Muzlik davri
stam (de)	қабила	qabila
menseneter (de)	одамхўр	odamxo'r
jager (de)	овчи	ovchi
jagen (ww)	ов қилмоқ	ov qilmoq
mammoet (de)	мамонт	mamont
grot (de)	ғор	g'or
vuur (het)	олов	olov
kampvuur (het)	гулхан	gulxan
rotstekening (de)	қояга чизилган расм	qoyaga chizilgan rasm
werkinstrument (het)	меҳнат қуроли	mehnat quroli
speer (de)	найза	nayza
stenen bijl (de)	тош болта	tosh bolta
oorlog voeren (ww)	урушмоқ	urushmoq
temmen (bijv. wolf ~)	қўлга ўргатмоқ	qo'lga o'rgatmoq
idool (het)	бут	but
aanbidden (ww)	сажда қилмоқ	sajda qilmoq
bijgeloof (het)	хурофот	xurofot
ritueel (het)	маросим	marosim
evolutie (de)	эволюция	evolyutsiya
ontwikkeling (de)	ривожланиш	rivojlanish
verdwijning (de)	йўқ бўлиб кетмоқ	yo'q bo'lib ketmoq
zich aanpassen (ww)	мослашмоқ	moslashmoq
archeologie (de)	археология	arxeologiya
archeoloog (de)	археолог	arxeolog
archeologisch (bn)	археологик	arxeologik
opgravingsplaats (de)	қазишлар жойи	qazishlar joyi
opgravingen (mv.)	қазиш ишлари	qazish ishlari
vondst (de)	топилма	topilma
fragment (het)	парча	parcha

116. Middeleeuwen

volk (het)	халқ	xalq
volkeren (mv.)	халқлар	xalqlar
stam (de)	қабила	qabila
stammen (mv.)	қабилалар	qabilalar
barbaren (mv.)	варварлар	varvarlar

Galliërs (mv.)	галлар	gallar
Goten (mv.)	готлар	gotlar
Slaven (mv.)	славянлар	slavyanlar
Vikings (mv.)	викинглар	vikinglar
Romeinen (mv.)	римликлар	rimliklar
Romeins (bn)	Римга оид	Rimga oid
Byzantijnen (mv.)	византияликлар	vizantiyaliklar
Byzantium (het)	Византия	Vizantiya
Byzantijns (bn)	Византияга оид	Vizantiyaga oid
keizer (bijv. Romeinse ~)	император	imperator
opperhoofd (het)	сардор	sardor
machtig (bn)	қудратли	qudratli
koning (de)	қирол	qirol
heerser (de)	ҳукмдор	hukmdor
ridder (de)	рицар	ritsar
feodaal (de)	феодал	feodal
feodaal (bn)	феодалларга оид	feodallarga oid
vazal (de)	вассал	vassal
hertog (de)	герцог	gertsog
graaf (de)	граф	graf
baron (de)	барон	baron
bisschop (de)	епископ	episkop
harnas (het)	яроғ-аслаха	yarogʻ-aslaxa
schild (het)	қалқон	qalqon
zwaard (het)	қилич	qilich
vizier (het)	дубулға пардаси	dubulgʻa pardasi
maliënkolder (de)	совут	sovut
kruistocht (de)	салб юриши	salb yurishi
kruisvaarder (de)	салб юриши қатнашчиси	salb yurishi qatnashchisi
gebied (bijv. bezette ~en)	ҳудуд	hudud
aanvallen (binnenvallen)	ҳужум қилмоқ	hujum qilmoq
veroveren (ww)	забт этмоқ	zabt etmoq
innemen (binnenvallen)	босиб олмоқ	bosib olmoq
bezetting (de)	қамал	qamal
bezet (bn)	қамал қилинган	qamal qilingan
belegeren (ww)	қамал қилмоқ	qamal qilmoq
inquisitie (de)	инквизиция	inkvizitsiya
inquisiteur (de)	инквизитор	inkvizitor
foltering (de)	қийноқ	qiynoq
wreed (bn)	бераҳм	berahm
ketter (de)	бидъатчи	bidʼatchi
ketterij (de)	бидъат	bidʼat
zeevaart (de)	денгизда кема юриши	dengizda kema yurishi
piraat (de)	денгиз қароқчиси	dengiz qaroqchisi
piraterij (de)	денгиз қароқчилиги	dengiz qaroqchiligi

enteren (het)	абордаж	abordaj
buit (de)	ўлжа	o'lja
schatten (mv.)	хазина	xazina
ontdekking (de)	кашфиёт	kashfiyot
ontdekken (bijv. nieuw land)	кашф қилмоқ	kashf qilmoq
expeditie (de)	експедиция	ekspeditsiya
musketier (de)	мушкетёр	mushketyor
kardinaal (de)	кардинал	kardinal
heraldiek (de)	геральдика	geraldika
heraldisch (bn)	геральдик	geraldik

117. Leider. Baas. Autoriteiten

koning (de)	қирол	qirol
koningin (de)	қиролича	qirolicha
koninklijk (bn)	қиролга оид	qirolga oid
koninkrijk (het)	қироллик	qirollik
prins (de)	шаҳзода	shahzoda
prinses (de)	малика	malika
president (de)	президент	prezident
vicepresident (de)	вице-президент	vitse-prezident
senator (de)	сенатор	senator
monarch (de)	монарх	monarx
heerser (de)	ҳукмдор	hukmdor
dictator (de)	диктатор	diktator
tiran (de)	золим ҳукмдор	zolim hukmdor
magnaat (de)	магнат	magnat
directeur (de)	директор	direktor
chef (de)	бошлиқ	boshliq
beheerder (de)	бошқарувчи	boshqaruvchi
baas (de)	босс	boss
eigenaar (de)	хўжайин	xo'jayin
hoofd (bijv. ~ van de delegatie)	раҳбар	rahbar
autoriteiten (mv.)	ҳокимият	hokimiyat
superieuren (mv.)	бошлиқлар	boshliqlar
gouverneur (de)	губернатор	gubernator
consul (de)	консул	konsul
diplomaat (de)	дипломат	diplomat
burgemeester (de)	мер	mer
sheriff (de)	шериф	sherif
keizer (bijv. Romeinse ~)	император	imperator
tsaar (de)	подшо	podsho
farao (de)	фиръавн	fir'avn
kan (de)	хон	xon

118. De wet overtreden. Criminelen. Deel 1

bandiet (de)	босқинчи	bosqinchi
misdaad (de)	жиноят	jinoyat
misdadiger (de)	жиноятчи	jinoyatchi
dief (de)	ўғри	o'g'ri
stelen (ww)	ўғирламоқ	o'g'irlamoq
kidnappen (ww)	ўғирлаб кетмоқ	o'g'irlab ketmoq
kidnapping (de)	одам ўғирлаш	odam o'g'irlash
kidnapper (de)	ўғри	o'g'ri
losgeld (het)	еваз	evaz
eisen losgeld (ww)	пул талаб қилмоқ	pul talab qilmoq
overvallen (ww)	таламоқ	talamoq
overvaller (de)	талончи	talonchi
afpersen (ww)	товламоқ	tovlamoq
afperser (de)	товламачи	tovlamachi
afpersing (de)	товламачилик	tovlamachilik
vermoorden (ww)	ўлдирмоқ	o'ldirmoq
moord (de)	қотиллик	qotillik
moordenaar (de)	қотил	qotil
schot (het)	ўқ узиш	o'q uzish
een schot lossen	ўқ узмоқ	o'q uzmoq
neerschieten (ww)	отиб ўлдирмоқ	otib o'ldirmoq
schieten (ww)	отмоқ	otmoq
schieten (het)	ўқ отиш	o'q otish
ongeluk (gevecht, enz.)	ходиса	xodisa
gevecht (het)	муштлашиш	mushtlashish
slachtoffer (het)	қурбон	qurbon
beschadigen (ww)	шикастламоқ	shikastlamoq
schade (de)	зарар	zarar
lijk (het)	мурда	murda
zwaar (~ misdrijf)	оғир	og'ir
aanvallen (ww)	ҳужум қилмоқ	hujum qilmoq
slaan (iemand ~)	урмоқ	urmoq
in elkaar slaan (toetakelen)	калтакламоқ	kaltaklamoq
ontnemen (beroven)	олиб қўймоқ	olib qo'ymoq
steken (met een mes)	сўймоқ	so'ymoq
verminken (ww)	майиб қилмоқ	mayib qilmoq
verwonden (ww)	яраламоқ	yaralamoq
chantage (de)	қўрқитиб товлаш	qo'rqitib tovlash
chanteren (ww)	қўрқитиб товламоқ	qo'rqitib tovlamoq
chanteur (de)	қўрқитиб товловчи	qo'rqitib tovlovchi
afpersing (de)	рекет	reket

afperser (de)	рекетчи	reketchi
gangster (de)	гангстер	gangster
maffia (de)	мафия	mafiya
kruimeldief (de)	чўнтак ўғриси	cho'ntak o'g'risi
inbreker (de)	қулфбузар	qulfbuzar
smokkelen (het)	контрабанда	kontrabanda
smokkelaar (de)	контрабанда билан шуғулланувчи	kontrabanda bilan shug'ullanuvchi
namaak (de)	қалбаки нарса	qalbaki narsa
namaken (ww)	қалбакилаштирмоқ	qalbakilashtirmoq
namaak-, vals (bn)	сохта	soxta

119. De wet overtreden. Criminelen. Deel 2

verkrachting (de)	зўрлаш	zo'rlash
verkrachten (ww)	зўрламоқ	zo'rlamoq
verkrachter (de)	зўравон	zo'ravon
maniak (de)	савдойи	savdoyi
prostituee (de)	фоҳиша	fohisha
prostitutie (de)	фоҳишабозлик	fohishabozlik
pooier (de)	даюс	dayus
drugsverslaafde (de)	гиёҳванд	giyohvand
drugshandelaar (de)	наркотик моддаларни сотувчи	narkotik moddalarni sotuvchi
opblazen (ww)	портлатмоқ	portlatmoq
explosie (de)	портлаш	portlash
in brand steken (ww)	ёндирмоқ	yondirmoq
brandstichter (de)	қасддан ўт қўйган одам	qasddan o't qo'ygan odam
terrorisme (het)	терроризм	terrorizm
terrorist (de)	террорчи	terrorchi
gijzelaar (de)	гаровга олинган	garovga olingan
bedriegen (ww)	алдамоқ	aldamoq
bedrog (het)	алдаш	aldash
oplichter (de)	муттаҳам	muttaham
omkopen (ww)	пора бериб сотиб олмоқ	pora berib sotib olmoq
omkoperij (de)	пора бериб сотиб олиш	pora berib sotib olish
smeergeld (het)	пора	pora
vergif (het)	заҳар	zahar
vergiftigen (ww)	заҳарламоқ	zaharlamoq
vergif innemen (ww)	заҳарланмоқ	zaharlanmoq
zelfmoord (de)	ўзини ўзи ўлдириш	o'zini o'zi o'ldirish
zelfmoordenaar (de)	ўз жонига қасд қилган	o'z joniga qasd qilgan
bedreigen (bijv. met een pistool)	пўписа қилмоқ	po'pisa qilmoq

bedreiging (de)	пўписа	po'pisa
een aanslag plegen	суиқасд қилмоқ	suiqasd qilmoq
aanslag (de)	суиқасд	suiqasd
stelen (een auto)	ўғирлаб кетмоқ	o'g'irlab ketmoq
kapen (een vliegtuig)	олиб қочмоқ	olib qochmoq
wraak (de)	қасос	qasos
wreken (ww)	қасос олмоқ	qasos olmoq
martelen (gevangenen)	қийнамоқ	qiynamoq
foltering (de)	қийноқ	qiynoq
folteren (ww)	азобламоқ	azoblamoq
piraat (de)	денгиз қароқчиси	dengiz qaroqchisi
straatschender (de)	безори	bezori
gewapend (bn)	қуролланган	qurollangan
geweld (het)	зўрлаш	zo'rlash
spionage (de)	жосуслик	josuslik
spioneren (ww)	жосуслик қилмоқ	josuslik qilmoq

120. Politie. Wet. Deel 1

gerecht (het)	адлия	adliya
gerechtshof (het)	суд	sud
rechter (de)	судя	sudya
jury (de)	суд маслаҳатчиси	sud maslahatchisi
juryrechtspraak (de)	маслаҳатчилар суди	maslahatchilar sudi
berechten (ww)	судламоқ	sudlamoq
advocaat (de)	адвокат	advokat
beklaagde (de)	судланувчи	sudlanuvchi
beklaagdenbank (de)	судланувчилар курсиси	sudlanuvchilar kursisi
beschuldiging (de)	айблов	ayblov
beschuldigde (de)	айбланувчи	ayblanuvchi
vonnis (het)	ҳукм	hukm
veroordelen	ҳукм чиқармоқ	hukm chiqarmoq
(in een rechtszaak)		
schuldige (de)	айбдор	aybdor
straffen (ww)	жазоламоқ	jazolamoq
bestraffing (de)	жазо	jazo
boete (de)	жарима	jarima
levenslange opsluiting (de)	умрбод қамоқ	umrbod qamoq
doodstraf (de)	ўлим жазоси	o'lim jazosi
elektrische stoel (de)	електр стул	elektr stul
schavot (het)	дор	dor
executeren (ww)	қатл қилмоқ	qatl qilmoq
executie (de)	қатл	qatl

gevangenis (de)	қамоқ	qamoq
cel (de)	камера	kamera

konvooi (het)	конвой	konvoy
gevangenisbewaker (de)	назоратчи	nazoratchi
gedetineerde (de)	маҳбус	mahbus

handboeien (mv.)	кишан	kishan
handboeien omdoen	кишан кийгизмоқ	kishan kiygizmoq

ontsnapping (de)	қочиш	qochish
ontsnappen (ww)	қочиб кетмоқ	qochib ketmoq
verdwijnen (ww)	ғойиб бўлмоқ	g'oyib bo'lmoq
vrijlaten (uit de gevangenis)	озод қилмоқ	ozod qilmoq
amnestie (de)	амнистия	amnistiya

politie (de)	полиция	politsiya
politieagent (de)	полициячи	politsiyachi
politiebureau (het)	полиция маҳкамаси	politsiya mahkamasi
knuppel (de)	резина тўқмоқ	rezina to'qmoq
megafoon (de)	карнай	karnay

patrouilleerwagen (de)	патрул машинаси	patrul mashinasi
sirene (de)	сирена	sirena
de sirene aansteken	сиренани ёқмоқ	sirenani yoqmoq
geloei (het) van de sirene	сирена увиллаши	sirena uvillashi

plaats delict (de)	ходиса рўй берган жой	xodisa ro'y bergan joy
getuige (de)	гувоҳ	guvoh
vrijheid (de)	эркинлик	erkinlik
handlanger (de)	жиноятчининг шериги	jinoyatchining sherigi
ontvluchten (ww)	ғойиб бўлмоқ	g'oyib bo'lmoq
spoor (het)	из	iz

121. Politie. Wet. Deel 2

opsporing (de)	қидирув	qidiruv
opsporen (ww)	қидирмоқ	qidirmoq
verdenking (de)	шубҳа	shubha
verdacht (bn)	шубҳали	shubhali
aanhouden (stoppen)	тўхтатмоқ	to'xtatmoq
tegenhouden (ww)	тутмоқ	tutmoq

strafzaak (de)	иш	ish
onderzoek (het)	тергов	tergov
detective (de)	детектив	detektiv
onderzoeksrechter (de)	терговчи	tergovchi
versie (de)	тахминий фикр	taxminiy fikr

motief (het)	сабаб	sabab
verhoor (het)	сўроқ	so'roq
ondervragen (door de politie)	сўроқ қилмоқ	so'roq qilmoq
ondervragen (omstanders ~)	сўроқламоқ	so'roqlamoq
controle (de)	текширув	tekshiruv

razzia (de)	қуршаб олиб тутиш	qurshab olib tutish
huiszoeking (de)	тинтув	tintuv
achtervolging (de)	қувиш	quvish
achtervolgen (ww)	таъқиб қилмоқ	ta'qib qilmoq
opsporen (ww)	изига тушмоқ	iziga tushmoq
arrest (het)	қамоққа олиш	qamoqqa olish
arresteren (ww)	қамоққа олмоқ	qamoqqa olmoq
vangen, aanhouden (een dief, enz.)	тутмоқ	tutmoq
aanhouding (de)	қўлга тушириш	qo'lga tushirish
document (het)	ҳужжат	hujjat
bewijs (het)	исбот	isbot
bewijzen (ww)	исботламоқ	isbotlamoq
voetspoor (het)	из	iz
vingerafdrukken (mv.)	бармоқ излари	barmoq izlari
bewijs (het)	далил	dalil
alibi (het)	алиби	alibi
onschuldig (bn)	бегуноҳ	begunoh
onrecht (het)	адолацизлик	adolatsizlik
onrechtvaardig (bn)	адолациз	adolatsiz
crimineel (bn)	жиноий	jinoiy
confisqueren (in beslag nemen)	мусодара қилмоқ	musodara qilmoq
drug (de)	наркотик	narkotik
wapen (het)	қурол	qurol
ontwapenen (ww)	қуролсизлантирмоқ	qurolsizlantirmoq
bevelen (ww)	буюрмоқ	buyurmoq
verdwijnen (ww)	ғойиб бўлмоқ	g'oyib bo'lmoq
wet (de)	қонун	qonun
wettelijk (bn)	қонуний	qonuniy
onwettelijk (bn)	ноқонуний	noqonuniy
verantwoordelijkheid (de)	масъулият	mas'uliyat
verantwoordelijk (bn)	маъсулиятли	ma'suliyatli

NATUUR

De Aarde. Deel 1

122. De kosmische ruimte

kosmos (de)	космос	kosmos
kosmisch (bn)	космик	kosmik
kosmische ruimte (de)	космик фазо	kosmik fazo
wereld (de)	олам	olam
heelal (het)	коинот	koinot
sterrenstelsel (het)	галактика	galaktika
ster (de)	юлдуз	yulduz
sterrenbeeld (het)	юлдузлар туркуми	yulduzlar turkumi
planeet (de)	планета	planeta
satelliet (de)	йўлдош	yo'ldosh
meteoriet (de)	метеорит	meteorit
komeet (de)	комета	kometa
asteroïde (de)	астероид	asteroid
baan (de)	орбита	orbita
draaien (om de zon, enz.)	айланмоқ	aylanmoq
atmosfeer (de)	атмосфера	atmosfera
Zon (de)	Қуёш	Quyosh
zonnestelsel (het)	Қуёш системаси	Quyosh sistemasi
zonsverduistering (de)	Қуёш тутилиши	Quyosh tutilishi
Aarde (de)	Ер	Er
Maan (de)	Ой	Oy
Mars (de)	Марс	Mars
Venus (de)	Венера	Venera
Jupiter (de)	Юпитер	Yupiter
Saturnus (de)	Сатурн	Saturn
Mercurius (de)	Меркурий	Merkuriy
Uranus (de)	Уран	Uran
Neptunus (de)	Нептун	Neptun
Pluto (de)	Плутон	Pluton
Melkweg (de)	Сомон йўли	Somon Yo'li
Grote Beer (de)	Катта айиқ	Katta ayiq
Poolster (de)	Қутб Юлдузи	Qutb Yulduzi
marsmannetje (het)	марслик	marslik
buitenaards wezen (het)	ўзга сайёралик	o'zga sayyoralik

bovenaards (het)	бегона	begona
vliegende schotel (de)	учар ликопча	uchar likopcha
ruimtevaartuig (het)	космик кема	kosmik kema
ruimtestation (het)	орбитал станция	orbital stantsiya
start (de)	старт	start
motor (de)	двигател	dvigatel
straalpijp (de)	сопло	soplo
brandstof (de)	ёқилғи	yoqilg'i
cabine (de)	кабина	kabina
antenne (de)	антенна	antenna
patrijspoort (de)	иллюминатор	illyuminator
zonnebatterij (de)	қуёш батареяси	quyosh batareyasi
ruimtepak (het)	скафандр	skafandr
gewichtloosheid (de)	вазнсизлик	vaznsizlik
zuurstof (de)	кислород	kislorod
koppeling (de)	туташтириш	tutashtirish
koppeling maken	туташтирмоқ	tutashtirmoq
observatorium (het)	обсерватория	observatoriya
telescoop (de)	телескоп	teleskop
waarnemen (ww)	кузатмоқ	kuzatmoq
exploreren (ww)	тадқиқ қилмоқ	tadqiq qilmoq

123. De Aarde

Aarde (de)	Ер	Er
aardbol (de)	ер шари	er shari
planeet (de)	планета	planeta
atmosfeer (de)	атмосфера	atmosfera
aardrijkskunde (de)	география	geografiya
natuur (de)	табиат	tabiat
wereldbol (de)	глобус	globus
kaart (de)	харита	xarita
atlas (de)	атлас	atlas
Europa (het)	Европа	Evropa
Azië (het)	Осиё	Osiyo
Afrika (het)	Африка	Afrika
Australië (het)	Австралия	Avstraliya
Amerika (het)	Америка	Amerika
Noord-Amerika (het)	Шимолий Америка	Shimoliy Amerika
Zuid-Amerika (het)	Жанубий Америка	Janubiy Amerika
Antarctica (het)	Антарктида	Antarktida
Arctis (de)	Арктика	Arktika

124. Windrichtingen

noorden (het)	шимол	shimol
naar het noorden	шимолга	shimolga
in het noorden	шимолда	shimolda
noordelijk (bn)	шимолий	shimoliy
zuiden (het)	жануб	janub
naar het zuiden	жанубга	janubga
in het zuiden	жанубда	janubda
zuidelijk (bn)	жанубий	janubiy
westen (het)	ғарб	g'arb
naar het westen	ғарбга	g'arbga
in het westen	ғарбда	g'arbda
westelijk (bn)	ғарбий	g'arbiy
oosten (het)	шарқ	sharq
naar het oosten	шарқга	sharqga
in het oosten	шарқда	sharqda
oostelijk (bn)	шарқий	sharqiy

125. Zee. Oceaan

zee (de)	денгиз	dengiz
oceaan (de)	океан	okean
golf (baai)	кўрфаз	ko'rfaz
straat (de)	бўғоз	bo'g'oz
continent (het)	материк	materik
eiland (het)	орол	orol
schiereiland (het)	ярим орол	yarim orol
archipel (de)	архипелаг	arxipelag
baai, bocht (de)	кўрфаз	ko'rfaz
haven (de)	бандаргоҳ	bandargoh
lagune (de)	лагуна	laguna
kaap (de)	бурун	burun
atol (de)	атолл	atoll
rif (het)	сув ичидаги қоя	suv ichidagi qoya
koraal (het)	маржон	marjon
koraalrif (het)	маржон қоялари	marjon qoyalari
diep (bn)	чуқур	chuqur
diepte (de)	чуқурлик	chuqurlik
diepzee (de)	тагсиз чуқурлик	tagsiz chuqurlik
trog (bijv. Marianentrog)	камгак	kamgak
stroming (de)	оқим	oqim
omspoelen (ww)	ювмоқ	yuvmoq
oever (de)	қирғоқ	qirg'oq
kust (de)	қирғоқ бўйи	qirg'oq bo'yi

vloed (de)	сувнинг кўтарилиши	suvning ko'tarilishi
eb (de)	сувнинг пасайиши	suvning pasayishi
ondiepte (ondiep water)	саёзлик	sayozlik
bodem (de)	туб	tub
golf (hoge ~)	тўлқин	to'lqin
golfkam (de)	тўлқин ўркачи	to'lqin o'rkachi
schuim (het)	кўпик	ko'pik
orkaan (de)	бўрон	bo'ron
tsunami (de)	сунами	sunami
windstilte (de)	штил	shtil
kalm (bijv. ~e zee)	тинч	tinch
pool (de)	қутб	qutb
polair (bn)	қутбий	qutbiy
breedtegraad (de)	кенглик	kenglik
lengtegraad (de)	узунлик	uzunlik
parallel (de)	параллел	parallel
evenaar (de)	экватор	ekvator
hemel (de)	осмон	osmon
horizon (de)	уфқ	ufq
lucht (de)	ҳаво	havo
vuurtoren (de)	маёқ	mayoq
duiken (ww)	шўнғимоқ	sho'ng'imoq
zinken (ov. een boot)	чўкиб кетмоқ	cho'kib ketmoq
schatten (mv.)	хазина	xazina

126. Namen van zeeën en oceanen

Atlantische Oceaan (de)	Атлантика океани	Atlantika okeani
Indische Oceaan (de)	Ҳинд океани	Hind okeani
Stille Oceaan (de)	Тинч океани	Tinch okeani
Noordelijke IJszee (de)	Шимолий Муз океани	Shimoliy Muz okeani
Zwarte Zee (de)	Қора денгиз	Qora dengiz
Rode Zee (de)	Қизил денгиз	Qizil dengiz
Gele Zee (de)	Сариқ денгиз	Sariq dengiz
Witte Zee (de)	Оқ денгиз	Oq dengiz
Kaspische Zee (de)	Каспий денгизи	Kaspiy dengizi
Dode Zee (de)	ўлик денгиз	o'lik dengiz
Middellandse Zee (de)	ўрта ер денгизи	o'rta er dengizi
Egeïsche Zee (de)	Егей денгизи	Egey dengizi
Adriatische Zee (de)	Адриатика денгизи	Adriatika dengizi
Arabische Zee (de)	Араб денгизи	Arab dengizi
Japanse Zee (de)	Япон денгизи	Yapon dengizi
Beringzee (de)	Беринг денгизи	Bering dengizi
Zuid-Chinese Zee (de)	Жанубий-Хитой денгизи	Janubiy-Xitoy dengizi

Koraalzee (de)	Маржон денгизи	Marjon dengizi
Tasmanzee (de)	Тасман денгизи	Tasman dengizi
Caribische Zee (de)	Кариб денгизи	Karib dengizi
Barentszzee (de)	Баренц денгизи	Barents dengizi
Karische Zee (de)	Кара денгизи	Kara dengizi
Noordzee (de)	Шимолий денгиз	Shimoliy dengiz
Baltische Zee (de)	Болтиқ денгизи	Boltiq dengizi
Noorse Zee (de)	Норвегия денгизи	Norvegiya dengizi

127. Bergen

berg (de)	тоғ	tog'
bergketen (de)	тоғ тизмалари	tog' tizmalari
gebergte (het)	тоғ тизмаси	tog' tizmasi
bergtop (de)	чўққи	cho'qqi
bergpiek (de)	чўққи	cho'qqi
voet (ov. de berg)	етак	etak
helling (de)	ёнбағир	yonbag'ir
vulkaan (de)	вулқон	vulqon
actieve vulkaan (de)	ҳаракатдаги вулқон	harakatdagi vulqon
uitgedoofde vulkaan (de)	ўчган вулқон	o'chgan vulqon
uitbarsting (de)	отилиш	otilish
krater (de)	кратер	krater
magma (het)	магма	magma
lava (de)	лава	lava
gloeiend (~e lava)	қизиган	qizigan
kloof (canyon)	канён	kanyon
bergkloof (de)	дара	dara
spleet (de)	тоғ оралиғи	tog' oralig'i
bergpas (de)	довон	dovon
plateau (het)	ясси тоғ	yassi tog'
klip (de)	қоя	qoya
heuvel (de)	тепалик	tepalik
gletsjer (de)	музлик	muzlik
waterval (de)	шаршара	sharshara
geiser (de)	гейзер	geyzer
meer (het)	кўл	ko'l
vlakte (de)	текислик	tekislik
landschap (het)	манзара	manzara
echo (de)	акс-садо	aks-sado
alpinist (de)	алпинист	alpinist
bergbeklimmer (de)	қояларга чиқувчи спортчи	qoyalarga chiquvchi sportchi
trotseren (berg ~)	забт етмоқ	zabt etmoq
beklimming (de)	тоққа чиқиш	toqqa chiqish

128. Bergen namen

Alpen (de)	Алп тоғлари	Alp tog'lari
Mont Blanc (de)	Монблан	Monblan
Pyreneeën (de)	Пиреней тоғлари	Pireney tog'lari
Karpaten (de)	Карпат тоғлари	Karpat tog'lari
Oeralgebergte (het)	Урал тоғлари	Ural tog'lari
Kaukasus (de)	Кавказ	Kavkaz
Elbroes (de)	Елбрус	Elbrus
Altaj (de)	Олтой тоғлари	Oltoy tog'lari
Tiensjan (de)	Тян-Шан	Tyan-Shan
Pamir (de)	Помир	Pomir
Himalaya (de)	Ҳималай тоғлари	Himalay tog'lari
Everest (de)	Еверест	Everest
Andes (de)	Анд тоғлари	And tog'lari
Kilimanjaro (de)	Килиманжаро	Kilimanjaro

129. Rivieren

rivier (de)	дарё	daryo
bron (~ van een rivier)	булоқ	buloq
rivierbedding (de)	ўзан	o'zan
rivierbekken (het)	ҳовуз	hovuz
uitmonden in ...	... га қўшилмоқ	... ga qo'shilmoq
zijrivier (de)	ирмоқ	irmoq
oever (de)	қирғоқ	qirg'oq
stroming (de)	оқим	oqim
stroomafwaarts (bw)	оқимнинг қуйиси бўйича	oqimning quyisi bo'yicha
stroomopwaarts (bw)	оқимнинг юқориси бўйича	oqimning yuqorisi bo'yicha
overstroming (de)	сув босиши	suv bosishi
overstroming (de)	сув тошқини	suv toshqini
buiten zijn oevers treden	дарёнинг тошиши	daryoning toshishi
overstromen (ww)	сув бостирмоқ	suv bostirmoq
zandbank (de)	саёзлик	sayozlik
stroomversnelling (de)	остонатош	ostonatosh
dam (de)	тўғон	to'g'on
kanaal (het)	канал	kanal
spaarbekken (het)	сув омбори	suv ombori
sluis (de)	шлюз	shlyuz
waterlichaam (het)	ҳавза	havza
moeras (het)	ботқоқ	botqoq
broek (het)	ботқоқлик	botqoqlik
draaikolk (de)	гирдоб	girdob
stroom (de)	жилға	jilg'a

| drink- (abn) | ичиладиган | ichiladigan |
| zoet (~ water) | чучук | chuchuk |

| IJs (het) | муз | muz |
| bevriezen (rivier, enz.) | музлаб қолмоқ | muzlab qolmoq |

130. Namen van rivieren

| Seine (de) | Сена | Sena |
| Loire (de) | Луара | Luara |

Theems (de)	Темза	Temza
Rijn (de)	Рейн	Reyn
Donau (de)	Дунай	Dunay

Wolga (de)	Волга	Volga
Don (de)	Дон	Don
Lena (de)	Лена	Lena

Gele Rivier (de)	Хуанхе	Xuanxe
Blauwe Rivier (de)	Янцзи	Yantszi
Mekong (de)	Меконг	Mekong
Ganges (de)	Ганг	Gang

Nijl (de)	Нил	Nil
Kongo (de)	Конго	Kongo
Okavango (de)	Окаванго	Okavango
Zambezi (de)	Замбези	Zambezi
Limpopo (de)	Лимпопо	Limpopo

131. Bos

| bos (het) | ўрмон | o'rmon |
| bos- (abn) | ўрмон | o'rmon |

oerwoud (dicht bos)	чангалзор	changalzor
bosje (klein bos)	дарахтзор	daraxtzor
open plek (de)	яланглик	yalanglik

| struikgewas (het) | чангалзор | changalzor |
| struiken (mv.) | бутазор | butazor |

| paadje (het) | сўқмоқча | so'qmoqcha |
| ravijn (het) | жарлик | jarlik |

boom (de)	дарахт	daraxt
blad (het)	барг	barg
gebladerte (het)	барглар	barglar

vallende bladeren (mv.)	хазонрезгилик	xazonrezgilik
vallen (ov. de bladeren)	тўкилмоқ	to'kilmoq
boomtop (de)	уч	uch

tak (de)	шох	shox
ent (de)	буток	butoq
knop (de)	куртак	kurtak
naald (de)	игна	igna
dennenappel (de)	ғудда	g'udda
boom holte (de)	ковак	kovak
nest (het)	уя	uya
hol (het)	ин	in
stam (de)	тана	tana
wortel (bijv. boom~s)	илдиз	ildiz
schors (de)	пўстлоқ	po'stloq
mos (het)	мох	mox
ontwortelen (een boom)	кавламоқ	kavlamoq
kappen (een boom ~)	чопмоқ	chopmoq
ontbossen (ww)	кесиб ташламоқ	kesib tashlamoq
stronk (de)	тўнка	to'nka
kampvuur (het)	гулхан	gulxan
bosbrand (de)	ёнғин	yong'in
blussen (ww)	ўчирмоқ	o'chirmoq
boswachter (de)	ўрмончи	o'rmonchi
bescherming (de)	муҳофаза	muhofaza
beschermen (bijv. de natuur ~)	муҳофаза қилмоқ	muhofaza qilmoq
stroper (de)	браконер	brakoner
val (de)	қопқон	qopqon
plukken (vruchten, enz.)	термоқ	termoq
verdwalen (de weg kwijt zijn)	адашиб қолмоқ	adashib qolmoq

132. Natuurlijke hulpbronnen

natuurlijke rijkdommen (mv.)	табиий ресурслар	tabiiy resurslar
delfstoffen (mv.)	фойдали қазилмалар	foydali qazilmalar
lagen (mv.)	қатлам бўлиб ётган конлар	qatlam bo'lib yotgan konlar
veld (bijv. olie~)	кон	kon
winnen (uit erts ~)	қазиб олмоқ	qazib olmoq
winning (de)	кончилик	konchilik
erts (het)	руда	ruda
mijn (bijv. kolenmijn)	кон	kon
mijnschacht (de)	шахта	shaxta
mijnwerker (de)	кончи	konchi
gas (het)	газ	gaz
gasleiding (de)	газ қувури	gaz quvuri
olie (aardolie)	нефт	neft
olieleiding (de)	нефт қувури	neft quvuri

oliebron (de)	нефт минораси	neft minorasi
boortoren (de)	бургилаш минораси	burgʻilash minorasi
tanker (de)	танкер	tanker
zand (het)	қум	qum
kalksteen (de)	оҳактош	ohaktosh
grind (het)	шағал	shagʻal
veen (het)	торф	torf
klei (de)	лой	loy
steenkool (de)	кўмир	koʻmir
IJzer (het)	темир	temir
goud (het)	олтин	oltin
zilver (het)	кумуш	kumush
nikkel (het)	никел	nikel
koper (het)	мис	mis
zink (het)	рух	rux
mangaan (het)	марганец	marganets
kwik (het)	симоб	simob
lood (het)	қўрғошин	qoʻrgʻoshin
mineraal (het)	минерал	mineral
kristal (het)	кристалл	kristall
marmer (het)	мармар	marmar
uraan (het)	уран	uran

De Aarde. Deel 2

133. Weer

weer (het)	об-ҳаво	ob-havo
weersvoorspelling (de)	об-ҳаво маълумоти	ob-havo ma'lumoti
temperatuur (de)	ҳарорат	harorat
thermometer (de)	термометр	termometr
barometer (de)	барометр	barometr
vochtigheid (de)	намлик	namlik
hitte (de)	иссиқ	issiq
heet (bn)	жазирама	jazirama
het is heet	иссиқ	issiq
het is warm	илиқ	iliq
warm (bn)	илиқ	iliq
het is koud	совуқ	sovuq
koud (bn)	совуқ	sovuq
zon (de)	қуёш	quyosh
schijnen (de zon)	нур сочмоқ	nur sochmoq
zonnig (~e dag)	қуёшли	quyoshli
opgaan (ov. de zon)	чиқмоқ	chiqmoq
ondergaan (ww)	ўтирмоқ	o'tirmoq
wolk (de)	булут	bulut
bewolkt (bn)	булутли	bulutli
regenwolk (de)	булут	bulut
somber (bn)	булутли	bulutli
regen (de)	ёмғир	yomg'ir
het regent	ёмғир ёғяпти	yomg'ir yog'yapti
regenachtig (bn)	ёмғирли	yomg'irli
motregenen (ww)	майдалаб ёғмоқ	maydalab yog'moq
plensbui (de)	шаррос ёмғир	sharros yomg'ir
stortbui (de)	жала	jala
hard (bn)	кучли	kuchli
plas (de)	кўлмак	ko'lmak
nat worden (ww)	хўл бўлмоқ	xo'l bo'lmoq
mist (de)	туман	tuman
mistig (bn)	туманли	tumanli
sneeuw (de)	қор	qor
het sneeuwt	қор ёғяпти	qor yog'yapti

134. Zwaar weer. Natuurrampen

noodweer (storm)	момақалдироқ	momaqaldiroq
bliksem (de)	чақмоқ	chaqmoq
flitsen (ww)	чарақламоқ	charaqlamoq

donder (de)	момақалдироқ	momaqaldiroq
donderen (ww)	гумбурламоқ	gumburlamoq
het dondert	момақалдироқ гумбурлаяпти	momaqaldiroq gumburlayapti

hagel (de)	дўл	do'l
het hagelt	дўл ёғяпти	do'l yog'yapti

overstromen (ww)	сув бостирмоқ	suv bostirmoq
overstroming (de)	сув босиши	suv bosishi

aardbeving (de)	зилзила	zilzila
aardschok (de)	силкиниш	silkinish
epicentrum (het)	эпицентр	epitsentr

uitbarsting (de)	отилиш	otilish
lava (de)	лава	lava

wervelwind (de)	қуюн	quyun
windhoos (de)	торнадо	tornado
tyfoon (de)	тўфон	to'fon

orkaan (de)	бўрон	bo'ron
storm (de)	довул	dovul
tsunami (de)	сунами	sunami

cycloon (de)	сиклон	siklon
onweer (het)	ёғингарчилик	yog'ingarchilik
brand (de)	ёнғин	yong'in
ramp (de)	ҳалокат	halokat
meteoriet (de)	метеорит	meteorit

lawine (de)	кўчки	ko'chki
sneeuwverschuiving (de)	қор кўчкиси	qor ko'chkisi
sneeuwjacht (de)	қор бўрони	qor bo'roni
sneeuwstorm (de)	қор бўралаши	qor bo'ralashi

Fauna

135. Zoogdieren. Roofdieren

roofdier (het)	йирткич	yirtqich
tijger (de)	йўлбарс	yo'lbars
leeuw (de)	шер	sher
wolf (de)	бўри	bo'ri
vos (de)	тулки	tulki
jaguar (de)	ягуар	yaguar
luipaard (de)	коплон	qoplon
jachtluipaard (de)	гепард	gepard
panter (de)	кора коплон	qora qoplon
poema (de)	пума	puma
sneeuwluipaard (de)	кор коплони	qor qoploni
lynx (de)	силовсин	silovsin
coyote (de)	коёт	koyot
jakhals (de)	шокол	shoqol
hyena (de)	сиртлон	sirtlon

136. Wilde dieren

dier (het)	жонивор	jonivor
beest (het)	ҳайвон	hayvon
eekhoorn (de)	олмахон	olmaxon
egel (de)	типратикан	tipratikan
haas (de)	куён	quyon
konijn (het)	куён	quyon
das (de)	бўрсик	bo'rsiq
wasbeer (de)	енот	enot
hamster (de)	оғмахон	og'maxon
marmot (de)	суғур	sug'ur
mol (de)	кўр каламуш	ko'r kalamush
muis (de)	сичкон	sichqon
rat (de)	каламуш	kalamush
vleermuis (de)	кўршапалак	ko'rshapalak
hermelijn (de)	оксувсар	oqsuvsar
sabeldier (het)	собол	sobol
marter (de)	сувсар	suvsar
wezel (de)	латча	latcha
nerts (de)	коракўзан	qorako'zan

bever (de)	сув кундузи	suv qunduzi
otter (de)	кундуз	qunduz
paard (het)	от	ot
eland (de)	лос	los
hert (het)	буғу	bug'u
kameel (de)	туя	tuya
bizon (de)	бизон	bizon
oeros (de)	зубр	zubr
buffel (de)	буйвол	buyvol
zebra (de)	зебра	zebra
antilope (de)	антилопа	antilopa
ree (de)	кичик буғу	kichik bug'u
damhert (het)	кийик	kiyik
gems (de)	тоғ кийик	tog' kiyik
everzwijn (het)	тўнғиз	to'ng'iz
walvis (de)	кит	kit
rob (de)	тюлен	tyulen
walrus (de)	морж	morj
zeehond (de)	денгиз мушуги	dengiz mushugi
dolfijn (de)	делфин	delfin
beer (de)	айиқ	ayiq
IJsbeer (de)	оқ айиқ	oq ayiq
panda (de)	панда	panda
aap (de)	маймун	maymun
chimpansee (de)	шимпанзе	shimpanze
orang-oetan (de)	орангутанг	orangutang
gorilla (de)	горилла	gorilla
makaak (de)	макака	makaka
gibbon (de)	гиббон	gibbon
olifant (de)	фил	fil
neushoorn (de)	каркидон	karkidon
giraffe (de)	жираф	jiraf
nijlpaard (het)	бегемот	begemot
kangoeroe (de)	кенгуру	kenguru
koala (de)	коала	koala
mangoest (de)	мангуст	mangust
chinchilla (de)	шиншилла	shinshilla
stinkdier (het)	сассиқ кўзан	sassiq ko'zan
stekelvarken (het)	жайра	jayra

137. Huisdieren

poes (de)	мушук	mushuk
kater (de)	мушук	mushuk
hond (de)	ит	it

paard (het)	от	ot
hengst (de)	айғир	ayg'ir
merrie (de)	бия	biya
koe (de)	мол	mol
stier (de)	буқа	buqa
os (de)	ҳўкиз	ho'kiz
schaap (het)	қўй	qo'y
ram (de)	қўчқор	qo'chqor
geit (de)	ечки	echki
bok (de)	така	taka
ezel (de)	ешак	eshak
muilezel (de)	хачир	xachir
varken (het)	чўчқа	cho'chqa
biggetje (het)	чўчқа боласи	cho'chqa bolasi
konijn (het)	қуён	quyon
kip (de)	товуқ	tovuq
haan (de)	хўроз	xo'roz
eend (de)	ўрдак	o'rdak
woerd (de)	ўрдак	o'rdak
gans (de)	ғоз	g'oz
kalkoen haan (de)	курка	kurka
kalkoen (de)	курка	kurka
huisdieren (mv.)	уй ҳайвонлари	uy hayvonlari
tam (bijv. hamster)	қўлга ўргатилган	qo'lga o'rgatilgan
temmen (tam maken)	қўлга ўргатмоқ	qo'lga o'rgatmoq
fokken (bijv. paarden ~)	боқмоқ	boqmoq
boerderij (de)	ферма	ferma
gevogelte (het)	уй паррандаси	uy parrandasi
rundvee (het)	мол	mol
kudde (de)	пода	poda
paardenstal (de)	отхона	otxona
zwijnenstal (de)	чўчқахона	cho'chqaxona
koeienstal (de)	молхона	molxona
konijnenhok (het)	қуёнхона	quyonxona
kippenhok (het)	товуқхона	tovuqxona

138. Vogels

vogel (de)	қуш	qush
duif (de)	каптар	kaptar
mus (de)	чумчуқ	chumchuq
koolmees (de)	читтак	chittak
ekster (de)	ҳакка	hakka
raaf (de)	қарға	qarg'a

kraai (de)	қарға	qarg'a
kauw (de)	зоғча	zog'cha
roek (de)	гүнгқарға	go'ngqarg'a
eend (de)	ўрдак	o'rdak
gans (de)	ғоз	g'oz
fazant (de)	қирғовул	qirg'ovul
arend (de)	бургут	burgut
havik (de)	қирғий	qirg'iy
valk (de)	лочин	lochin
gier (de)	калхат	kalxat
condor (de)	кондор	kondor
zwaan (de)	оққуш	oqqush
kraanvogel (de)	турна	turna
ooievaar (de)	лайлак	laylak
papegaai (de)	тўтиқуш	to'tiqush
kolibrie (de)	колибри	kolibri
pauw (de)	товус	tovus
struisvogel (de)	туяқуш	tuyaqush
reiger (de)	қарқара	qarqara
flamingo (de)	фламинго	flamingo
pelikaan (de)	сақоқуш	saqoqush
nachtegaal (de)	булбул	bulbul
zwaluw (de)	қалдирғоч	qaldirg'och
lijster (de)	қораялоқ	qorayaloq
zanglijster (de)	сайроқи қораялоқ	sayroqi qorayaloq
merel (de)	қора қораялоқ	qora qorayaloq
gierzwaluw (de)	жарқалдирғоч	jarqaldirg'och
leeuwerik (de)	тўрғай	to'rg'ay
kwartel (de)	бедана	bedana
specht (de)	қизилиштон	qizilishton
koekoek (de)	какку	kakku
uil (de)	бойқуш	boyqush
oehoe (de)	укки	ukki
auerhoen (het)	карқуш	karqush
korhoen (het)	қур	qur
patrijs (de)	каклик	kaklik
spreeuw (de)	чуғурчиқ	chug'urchiq
kanarie (de)	канарейка	kanareyka
hazelhoen (het)	булдуруқ	bulduruq
vink (de)	зяблик	zyablik
goudvink (de)	снегир	snegir
meeuw (de)	чайка	chayka
albatros (de)	албатрос	albatros
pinguïn (de)	пингвин	pingvin

139. Vis. Zeedieren

brasem (de)	лешч	leshch
karper (de)	зоғорабалиқ	zogʻorabaliq
baars (de)	олабуға	olabugʻa
meerval (de)	лаққа балиқ	laqqa baliq
snoek (de)	чўртанбалиқ	choʻrtanbaliq
zalm (de)	лосос	losos
steur (de)	осётр	osyotr
haring (de)	селд	seld
atlantische zalm (de)	сёмга	syomga
makreel (de)	скумбрия	skumbriya
platvis (de)	камбала	kambala
snoekbaars (de)	судак	sudak
kabeljauw (de)	треска	treska
tonijn (de)	тунец	tunets
forel (de)	форел	forel
paling (de)	илонбалиқ	ilonbaliq
sidderrog (de)	електр скат	elektr skat
murene (de)	мурена	murena
piranha (de)	пираня	piranya
haai (de)	акула	akula
dolfijn (de)	делфин	delfin
walvis (de)	кит	kit
krab (de)	қисқичбақа	qisqichbaqa
kwal (de)	медуза	meduza
octopus (de)	саккизоёқ	sakkizoyoq
zeester (de)	денгиз юлдузи	dengiz yulduzi
zee-egel (de)	денгиз кирписи	dengiz kirpisi
zeepaardje (het)	денгиз оти	dengiz oti
oester (de)	устрица	ustritsa
garnaal (de)	креветка	krevetka
kreeft (de)	омар	omar
langoest (de)	лангуст	langust

140. Amfibieën. Reptielen

slang (de)	илон	ilon
giftig (slang)	заҳарли	zaharli
adder (de)	қора илон	qora ilon
cobra (de)	кобра	kobra
python (de)	питон	piton
boa (de)	бўғма илон	boʻgʻma ilon
ringslang (de)	сувилон	suvilon

ratelslang (de)	шақилдоқ илон	shaqildoq ilon
anaconda (de)	анаконда	anakonda
hagedis (de)	калтакесак	kaltakesak
leguaan (de)	игуана	iguana
varaan (de)	ечкиемар	echkiemar
salamander (de)	саламандра	salamandra
kameleon (de)	хамелеон	xameleon
schorpioen (de)	чаён	chayon
schildpad (de)	тошбақа	toshbaqa
kikker (de)	бақа	baqa
pad (de)	қурбақа	qurbaqa
krokodil (de)	тимсоҳ	timsoh

141. Insecten

insect (het)	ҳашарот	hasharot
vlinder (de)	капалак	kapalak
mier (de)	чумоли	chumoli
vlieg (de)	пашша	pashsha
mug (de)	чивин	chivin
kever (de)	қўнғиз	qo'ng'iz
wesp (de)	ари	ari
bij (de)	асалари	asalari
hommel (de)	қовоқари	qovoqari
horzel (de)	сўна	so'na
spin (de)	ўргимчак	o'rgimchak
spinnenweb (het)	ўргимчак ини	o'rgimchak ini
libel (de)	ниначи	ninachi
sprinkhaan (de)	чигиртка	chigirtka
nachtvlinder (de)	парвона	parvona
kakkerlak (de)	суварак	suvarak
mijt (de)	кана	kana
vlo (de)	бурга	burga
kriebelmug (de)	майда чивин	mayda chivin
treksprinkhaan (de)	чигиртка	chigirtka
slak (de)	шиллиқ қурт	shilliq qurt
krekel (de)	қора чигиртка	qora chigirtka
glimworm (de)	ялтироқ қўнғиз	yaltiroq qo'ng'iz
lieveheersbeestje (het)	хонқизи	xonqizi
meikever (de)	тиллақўнғиз	tillaqo'ng'iz
bloedzuiger (de)	зулук	zuluk
rups (de)	капалак қурти	kapalak qurti
aardworm (de)	чувалчанг	chuvalchang
larve (de)	қурт	qurt

Flora

142. Bomen

boom (de)	дарахт	daraxt
loof- (abn)	баргли	bargli
dennen- (abn)	игнабаргли	ignabargli
groenblijvend (bn)	доимяшил	doimyashil

appelboom (de)	олма	olma
perenboom (de)	нок	nok
zoete kers (de)	гилос	gilos
zure kers (de)	олча	olcha
pruimelaar (de)	олхўри	olxo'ri

berk (de)	оқ қайин	oq qayin
eik (de)	еман	eman
linde (de)	жўка дарахти	jo'ka daraxti
esp (de)	тоғтерак	tog'terak
esdoorn (de)	заранг дарахти	zarang daraxti

spar (de)	қорақарағай	qoraqarag'ay
den (de)	қарағай	qarag'ay
lariks (de)	тилоғоч	tilog'och
zilverspar (de)	оққарағай	oqqarag'ay
ceder (de)	кедр	kedr

populier (de)	терак	terak
lijsterbes (de)	четан	chetan
wilg (de)	мажнунтол	majnuntol
els (de)	олха	olxa
beuk (de)	қора қайин	qora qayin
iep (de)	қайрағоч	qayrag'och
es (de)	шумтол	shumtol
kastanje (de)	каштан	kashtan

magnolia (de)	магнолия	magnoliya
palm (de)	палма	palma
cipres (de)	кипарис	kiparis
mangrove (de)	мангро дарахти	mangro daraxti
baobab (apenbroodboom)	баобаб	baobab
eucalyptus (de)	евкалипт	evkalipt
mammoetboom (de)	секвойя	sekvoyya

143. Heesters

| struik (de) | бута | buta |
| heester (de) | бутазор | butazor |

wijnstok (de)	узум	uzum
wijngaard (de)	узумзор	uzumzor
frambozenstruik (de)	малина	malina
rode bessenstruik (de)	қизил смородина	qizil smorodina
kruisbessenstruik (de)	крижовник	krijovnik
acacia (de)	акация	akatsiya
zuurbes (de)	зирк	zirk
jasmijn (de)	ясмин	yasmin
jeneverbes (de)	қора арча	qora archa
rozenstruik (de)	атиргул тупи	atirgul tupi
hondsroos (de)	наъматак	na'matak

144. Vruchten. Bessen

vrucht (de)	мева	meva
vruchten (mv.)	мевалар	mevalar
appel (de)	олма	olma
peer (de)	нок	nok
pruim (de)	олхўри	olxo'ri
aardbei (de)	қулупнай	qulupnay
zure kers (de)	олча	olcha
zoete kers (de)	гилос	gilos
druif (de)	узум	uzum
framboos (de)	малина	malina
zwarte bes (de)	қора смородина	qora smorodina
rode bes (de)	қизил смородина	qizil smorodina
kruisbes (de)	крижовник	krijovnik
veenbes (de)	клюква	klyukva
sinaasappel (de)	апелсин	apelsin
mandarijn (de)	мандарин	mandarin
ananas (de)	ананас	ananas
banaan (de)	банан	banan
dadel (de)	хурмо	xurmo
citroen (de)	лимон	limon
abrikoos (de)	ўрик	o'rik
perzik (de)	шафтоли	shaftoli
kiwi (de)	киви	kivi
grapefruit (de)	грейпфрут	greypfrut
bes (de)	реза мева	reza meva
bessen (mv.)	реза мевалар	reza mevalar
vossenbes (de)	брусника	brusnika
bosaardbei (de)	йертут	yertut
bosbes (de)	черника	chernika

145. Bloemen. Planten

bloem (de)	гул	gul
boeket (het)	даста	dasta
roos (de)	атиргул	atirgul
tulp (de)	лола	lola
anjer (de)	чиннигул	chinnigul
gladiool (de)	гладиолус	gladiolus
korenbloem (de)	бӯтакӯз	bo'tako'z
klokje (het)	қӯнғироқгул	qo'ng'iroqgul
paardenbloem (de)	момақаймоқ	momaqaymoq
kamille (de)	мойчечак	moychechak
aloë (de)	алое	aloe
cactus (de)	кактус	kaktus
ficus (de)	фикус	fikus
lelie (de)	лилия	liliya
geranium (de)	ёронгул	yorongul
hyacint (de)	сунбул	sunbul
mimosa (de)	мимоза	mimoza
narcis (de)	наргис	nargis
Oostindische kers (de)	лотин чечаги	lotin chechagi
orchidee (de)	орхидея	orxideya
pioenroos (de)	саллагул	sallagul
viooltje (het)	бинафша	binafsha
driekleurig viooltje (het)	капалакгул	kapalakgul
vergeet-mij-nietje (het)	бӯтакӯз	bo'tako'z
madeliefje (het)	дасторгул	dastorgul
papaver (de)	кӯкнор	ko'knor
hennep (de)	наша ӯсимлиги	nasha o'simligi
munt (de)	ялпиз	yalpiz
lelietje-van-dalen (het)	марваридгул	marvaridgul
sneeuwklokje (het)	бойчечак	boychechak
brandnetel (de)	қичитқи ӯт	qichitqi o't
veldzuring (de)	шовул	shovul
waterlelie (de)	нилфия	nilfiya
varen (de)	қирққулоқ	qirqquloq
korstmos (het)	лишайник	lishaynik
oranjerie (de)	оранжерея	oranjereya
gazon (het)	газон	gazon
bloemperk (het)	клумба	klumba
plant (de)	ӯсимлик	o'simlik
gras (het)	ӯт	o't
grasspriet (de)	ӯт пояси	o't poyasi

blad (het)	барг	barg
bloemblad (het)	гулбарг	gulbarg
stengel (de)	поя	poya
knol (de)	тугунак	tugunak
scheut (de)	куртак	kurtak
doorn (de)	тиканак	tikanak
bloeien (ww)	гулламоқ	gullamoq
verwelken (ww)	сўлимоқ	so'limoq
geur (de)	ҳид	hid
snijden (bijv. bloemen ~)	кесиб олмоқ	kesib olmoq
plukken (bloemen ~)	узмоқ, узиб олмоқ	uzmoq, uzib olmoq

146. Granen, graankorrels

graan (het)	ғалла	g'alla
graangewassen (mv.)	ғалла ўсимликлари	g'alla o'simliklari
aar (de)	бошоқ	boshoq
tarwe (de)	буғдой	bug'doy
rogge (de)	жавдар	javdar
haver (de)	сули	suli
gierst (de)	тариқ	tariq
gerst (de)	арпа	arpa
maïs (de)	маккажўхори	makkajo'xori
rijst (de)	шоли	sholi
boekweit (de)	гречиха	grechixa
erwt (de)	нўхат	no'xat
boon (de)	ловия	loviya
soja (de)	соя	soya
linze (de)	ясмиқ	yasmiq
bonen (mv.)	дуккакли ўсимликлар	dukkakli o'simliklar

LANDEN. NATIONALITEITEN

147. West-Europa

Europa (het)	Йевропа	Yevropa
Europese Unie (de)	Йевропа Иттифоқи	Yevropa Ittifoqi
Oostenrijk (het)	Австрия	Avstriya
Groot-Brittannië (het)	Буюк Британия	Buyuk Britaniya
Engeland (het)	Англия	Angliya
België (het)	Белгия	Belgiya
Duitsland (het)	Германия	Germaniya
Nederland (het)	Нидерландия	Niderlandiya
Holland (het)	Голландия	Gollandiya
Griekenland (het)	Греция	Gretsiya
Denemarken (het)	Дания	Daniya
Ierland (het)	Ирландия	Irlandiya
IJsland (het)	Исландия	Islandiya
Spanje (het)	Испания	Ispaniya
Italië (het)	Италия	Italiya
Cyprus (het)	Кипр	Kipr
Malta (het)	Мальта	Malta
Noorwegen (het)	Норвегия	Norvegiya
Portugal (het)	Португалия	Portugaliya
Finland (het)	Финляндия	Finlyandiya
Frankrijk (het)	Франция	Frantsiya
Zweden (het)	Швеция	Shvetsiya
Zwitserland (het)	Швейцария	Shveytsariya
Schotland (het)	Шотландия	Shotlandiya
Vaticaanstad (de)	Ватикан	Vatikan
Liechtenstein (het)	Лихтенштейн	Lixtenshteyn
Luxemburg (het)	Люксембург	Lyuksemburg
Monaco (het)	Монако	Monako

148. Centraal- en Oost-Europa

Albanië (het)	Албания	Albaniya
Bulgarije (het)	Болгария	Bolgariya
Hongarije (het)	Венгрия	Vengriya
Letland (het)	Латвия	Latviya
Litouwen (het)	Литва	Litva
Polen (het)	Полша	Polsha

Roemenië (het)	Румыния	Ruminiya
Servië (het)	Сербия	Serbiya
Slowakije (het)	Словакия	Slovakiya
Kroatië (het)	Хорватия	Xorvatiya
Tsjechië (het)	Чехия	Chexiya
Estland (het)	Естония	Estoniya
Bosnië en Herzegovina (het)	Босния ва Герцеговина	Bosniya va Gertsegovina
Macedonië (het)	Македония	Makedoniya
Slovenië (het)	Словения	Sloveniya
Montenegro (het)	Черногория	Chernogoriya

149. Voormalige USSR landen

Azerbeidzjan (het)	Озарбайжон	Ozarbayjon
Armenië (het)	Арманистон	Armaniston
Wit-Rusland (het)	Беларус	Belarus
Georgië (het)	Грузия	Gruziya
Kazakstan (het)	Қозоғистон	Qozog'iston
Kirgizië (het)	Қирғизистон	Qirg'iziston
Moldavië (het)	Молдова	Moldova
Rusland (het)	Россия	Rossiya
Oekraïne (het)	Украина	Ukraina
Tadzjikistan (het)	Тожикистон	Tojikiston
Turkmenistan (het)	Туркманистон	Turkmaniston
Oezbekistan (het)	ўзбекистон	o'zbekiston

150. Azië

Azië (het)	Осиё	Osiyo
Vietnam (het)	Ветнам	Vetnam
India (het)	Хиндистон	Hindiston
Israël (het)	Исроил	Isroil
China (het)	Хитой	Xitoy
Libanon (het)	Ливан	Livan
Mongolië (het)	Мўғулистон	Mo'g'uliston
Maleisië (het)	Малайзия	Malayziya
Pakistan (het)	Покистон	Pokiston
Saoedi-Arabië (het)	Саудия арабистони	Saudiya arabistoni
Thailand (het)	Таиланд	Tailand
Taiwan (het)	Тайван	Tayvan
Turkije (het)	Туркия	Turkiya
Japan (het)	Япония	Yaponiya
Afghanistan (het)	Афғонистон	Afg'oniston
Bangladesh (het)	Бангладеш	Bangladesh

Indonesië (het)	Индонезия	Indoneziya
Jordanië (het)	Иордания	Iordaniya
Irak (het)	Ироқ	Iroq
Iran (het)	Ерон	Eron
Cambodja (het)	Камбоджа	Kambodja
Koeweit (het)	Қувайт	Quvayt
Laos (het)	Лаос	Laos
Myanmar (het)	Мянма	Myanma
Nepal (het)	Непал	Nepal
Verenigde Arabische Emiraten	Бирлашган Араб Амирликлари	Birlashgan Arab Amirliklari
Syrië (het)	Сурия	Suriya
Palestijnse autonomie (de)	Фаластин автономияси	Falastin avtonomiyasi
Zuid-Korea (het)	Жанубий Корея	Janubiy Koreya
Noord-Korea (het)	Шимолий корея	Shimoliy koreya

151. Noord-Amerika

Verenigde Staten van Amerika	Америка Қўшма Штатлари	Amerika Qo'shma Shtatlari
Canada (het)	Канада	Kanada
Mexico (het)	Мексика	Meksika

152. Midden- en Zuid-Amerika

Argentinië (het)	Аргентина	Argentina
Brazilië (het)	Бразилия	Braziliya
Colombia (het)	Колумбия	Kolumbiya
Cuba (het)	Куба	Kuba
Chili (het)	Чили	Chili
Bolivia (het)	Боливия	Boliviya
Venezuela (het)	Венесуэла	Venesuela
Paraguay (het)	Парагвай	Paragvay
Peru (het)	Перу	Peru
Suriname (het)	Суринам	Surinam
Uruguay (het)	Уругвай	Urugvay
Ecuador (het)	Эквадор	Ekvador
Bahama's (mv.)	Багам ороллари	Bagam orollari
Haïti (het)	Гаити	Gaiti
Dominicaanse Republiek (de)	Доминикана республикаси	Dominikana respublikasi
Panama (het)	Панама	Panama
Jamaica (het)	Жамайка	Jamayka

153. Afrika

Egypte (het)	Миср	Misr
Marokko (het)	Марокаш	Marokash
Tunesië (het)	Тунис	Tunis
Ghana (het)	Гана	Gana
Zanzibar (het)	Занзибар	Zanzibar
Kenia (het)	Кения	Keniya
Libië (het)	Ливия	Liviya
Madagaskar (het)	Мадагаскар	Madagaskar
Namibië (het)	Намибия	Namibiya
Senegal (het)	Сенегал	Senegal
Tanzania (het)	Танзания	Tanzaniya
Zuid-Afrika (het)	Жанубий Африка Республикаси	Janubiy Afrika Respublikasi

154. Australië. Oceanië

Australië (het)	Австралия	Avstraliya
Nieuw-Zeeland (het)	Янги Зеландия	Yangi Zelandiya
Tasmanië (het)	Тасмания	Tasmaniya
Frans-Polynesië	Француз Полинезияси	Frantsuz Polineziyasi

155. Steden

Amsterdam	Амстердам	Amsterdam
Ankara	Анқара	Anqara
Athene	Афина	Afina
Bagdad	Бағдод	Bag'dod
Bangkok	Бангкок	Bangkok
Barcelona	Барселона	Barselona
Beiroet	Байрут	Bayrut
Berlijn	Берлин	Berlin
Boedapest	Будапешт	Budapesht
Boekarest	Бухарест	Buxarest
Bombay, Mumbai	Бомбей	Bombey
Bonn	Бонн	Bonn
Bordeaux	Бордо	Bordo
Bratislava	Братислава	Bratislava
Brussel	Брюссел	Bryussel
Caïro	Коҳира	Kohira
Calcutta	Калкутта	Kalkutta
Chicago	Чикаго	Chikago
Dar Es Salaam	Дар ес Салаам	Dar es Salaam
Delhi	Деҳли	Dehli

Den Haag	Гаага	Gaaga
Dubai	Дубай	Dubay
Dublin	Дублин	Dublin
Düsseldorf	Дюссельдорф	Dyusseldorf
Florence	Флоренция	Florentsiya
Frankfort	Франкфурт	Frankfurt
Genève	Женева	Jeneva
Hamburg	Гамбург	Gamburg
Hanoi	Ханой	Xanoy
Havana	Гавана	Gavana
Helsinki	Хельсинки	Xelsinki
Hiroshima	Хиросима	Xirosima
Hongkong	Гонконг	Gonkong
Istanbul	Истанбул	Istanbul
Jeruzalem	Куддус	Quddus
Kiev	Киев	Kiev
Kopenhagen	Копенгаген	Kopengagen
Kuala Lumpur	Куала Лумпур	Kuala Lumpur
Lissabon	Лиссабон	Lissabon
Londen	Лондон	London
Los Angeles	Лос Анжелес	Los Anjeles
Lyon	Лион	Lion
Madrid	Мадрид	Madrid
Marseille	Марсел	Marsel
Mexico-Stad	Мехико	Mexiko
Miami	Майями	Mayyami
Montreal	Монреал	Monreal
Moskou	Москва	Moskva
München	Мюнхен	Myunxen
Nairobi	Найроби	Nayrobi
Napels	Неапол	Neapol
New York	Нью-Ёрк	Nyu-York
Nice	Ницца	Nitstsa
Oslo	Осло	Oslo
Ottawa	Оттава	Ottava
Parijs	Париж	Parij
Peking	Пекин	Pekin
Praag	Прага	Praga
Rio de Janeiro	Рио-де-Жанейро	Rio-de-Janeyro
Rome	Рим	Rim
Seoel	Сеул	Seul
Singapore	Сингапур	Singapur
Sint-Petersburg	Санкт-Петербург	Sankt-Peterburg
Sjanghai	Шанхай	Shanxay
Stockholm	Стокголм	Stokgolm
Sydney	Сидней	Sidney
Taipei	Тайпей	Taypey
Tokio	Токио	Tokio

Toronto	**Торонто**	Toronto
Venetië	**Венеция**	Venetsiya
Warschau	**Варшава**	Varshava
Washington	**Вашингтон**	Vashington
Wenen	**Вена**	Vena

www.ingramcontent.com/pod-product-compliance
Lightning Source LLC
Chambersburg PA
CBHW070558050426
42450CB00011B/2903